W9-BEY-423

Ventanas uno

Lecturas fáciles

Teresa Carrera-Hanley

Jean-Paul Valette

Rebecca M. Valette

McDougal Littell
A HOUGHTON MIFFLIN COMPANY
Evanston, Illinois • Boston • Dallas

Credits

Front Cover: *(window)* Luis Padilla/The Image Bank; *(insert)* Landscape in Venezuela, Ulrike Welsch/Photo Researches, Inc.
Back Cover: Luis Padilla/The Image Bank
Additional credits and acknowledgements are found on page 122.

Copyright © 1998 by McDougal Littell Inc. All rights reserved.

No part of this work may be reproduced or transmitted in any form or by any means, electronic or mechanical, including photocopying and recording, or by any information storage or retrieval system without prior written permission of McDougal Littell Inc. unless such copying is expressly permitted by federal copyright law. Address inquiries to Manager, Rights and Permissions, McDougal Littell Inc., P.O. Box 1667, Evanston, IL 60204.

Printed in the United States of America.

International Standard Book Number: 0-669-45689-6

7 8 9 0–MAM–02

CONTENIDO

Ventanas, a series of three readers, helps students acquire better reading skills through practice with contemporary and culturally-diverse reading selections. Using the individual selections and their accompanying supplementary activities will allow students to maximize their exposure to Spanish-speaking culture.

Organization of *Ventanas uno* *Ventanas uno* contains fourteen exciting, student-friendly reading selections sequenced by length and level of difficulty. Following each reading are a variety of activities that feature simple comprehension, reader-response, and critical thinking. Students will find the answers to all of the activities in the back of this book.

Organization of Each Selection Each lesson contains a reading selection. To maintain student interest, these selections cover a wide variety of topics and genres. The selections themselves may be presented and read in class or assigned as homework. The teacher may wish to read parts of the selection aloud to give the class additional listening practice.

The selections are accompanied by the following types of activities:

- **Antes de leer...** Each reading selection is preceded by two pre-reading activities, "**¿Qué sabes tú?**" and "**¡A vista de pájaro!**"—activities such as brainstorming, surveying, and scanning that prepare students for the selection by activitating prior knowledge and connecting it to the reading selection.

- **¿Comprendiste tú?** These comprehension activities that immediately follow most readings include true/false and multiple choice among other strategies.

- **¡A ver!** These activities are based on the reading and allow for students' free response.

- **Actividades** The **actividades** build reading skills using a variety of techniques: word searches, polls, interviews, cloze exercises.

- **¡Aprendamos más!** This useful presentation of important topical vocabulary, word families, idiomatic expressions (and follow-up activities) relates to the general theme of the reading.

- **¡Adivinemos!** This introduction of one easy cognate that students will recognize and accompanying follow-up activities hone students' reading skills.

- **¿Cuándo dices...?** Students will enjoy this pictorial illustration of a useful Spanish word or phrase.

Teaching with *Ventanas uno* To develop good reading habits, students should be encouraged to read each selection at least three times: a first time to obtain a general understanding of the topic, a second time with a closer look at the words and expressions that appear unfamiliar, and then a third time to make sure that the text has been well understood, at both the sentence and the paragraph level. Inasmuch as the purpose of *Ventanas uno* is to develop fluency in reading, translation should be discouraged. Students should try to "guess" the meanings of new words (through inference from context, cognate recognition, similarities with other Spanish and English words based on the same roots, etc.) Students can use the end vocabulary to make sure that their guesses are correct.

Ventanas uno gives students a wonderful opportunity to hone their reading skills using a variety of pedagogical techniques and interesting student readings.

TO THE STUDENT

The best way to acquire fluency in a new language is through reading. The more you listen to a new language, the easier it becomes to understand conversations and to speak. And the more you read the new language, the greater your reading comprehension and your writing ability.

You already know Spanish. Even if you have only begun taking Spanish, there is a lot that you already know. *Cognates* are words that are very similar to recognize from one language to another. And, Spanish is filled with cognates. As you read the articles in this book, don't get worried about the words that you don't know yet. Read for the gist and look for all words that you already know! Look at the illustrations in order to figure out the meaning of the selection. Review the glosses in order to figure out the meaning of unfamiliar words.

You will probably need to read each selection three times: a first time to obtain a general understanding of the topic, a second time with a closer look at the words and expressions that appear unfamiliar, and then a third time to make sure that the text has been well understood, at both the sentence and the paragraph level. The chart may on pages vi-vii may be helpful to you when reading the selections. It reviews cognates and spelling paterns that you may recognize when you read.

Enjoy the articles and remember: **¡Tú ya sabes español!**

Recognizing Cognates and Spelling Patterns

1. Identical cognates are easy to recognize because they are spelled (but not pronounced) the same in both languages.

hotel	*hotel*	**original**	*original*
animal	*animal*	**circular**	*circular*
popular	*popular*	**hospital**	*hospital*

2. Some cognates are nearly identical, with the exception that in English they have a double consonant while in Spanish they have a single consonant.

profesión	*profession*	**inteligente**	*intelligent*
diferente	*different*	**comercial**	*commerical*

3. There are many suffix patterns, that is, regular spelling variations between the two languages that make it easy to identify cognates and related words. Here are some of the main Spanish-English suffix patterns with sample words taken from the reading selections.

	SPANISH ENDINGS	ENGLISH ENDINGS	EXAMPLES	
VERBS	-ar	-	**visitar**	*to visit*
	-er	-	**corresponder**	*to correspond*
	-ir	-	**preferir**	*to prefer*
	-ar	-ate	**imitar**	*to imitate*
	-ir	-e	**dividir**	*to divide*
	-tener	-tain	**obtener**	*to obtain*
VERBAL ENDINGS	-ado	-ed	**explorado**	*explored*
	-ido	-ed	**dividido**	*divided*
	-ado	-ated	**creado**	*created*
	-ando	-ing	**planeando**	*planning*
	-iendo	-ing	**obteniendo**	*obtaining*
ADVERBS	-mente	-ly	**finalmente**	*finally*
			especialmente	*especially*
NOUNS	-a	-	**música**	*music*
	-e	-	**arte**	*art*
	-o	-	**texto**	*text*
	-a	-e	**estructura**	*structure*
	-o	-e	**caso**	*case*

	SPANISH ENDINGS	ENGLISH ENDINGS	EXAMPLES	
NOUNS	-ancia	-ance	**distancia**	*distance*
	-encia	-ence	**independencia**	*independence*
	-ción	-tion	**civilización**	*civilization*
	-dad ⎱	-ty	**identidad**	*identity*
	-tad ⎰	-ty	**dificultad**	*difficulty*
	-eza	-ness	**franqueza**	*frankness*
	-ia ⎱	-y	**familia**	*family*
	-io ⎰	-y	**matrimonio**	*matrimony*
	-iente	-ience	**inconveniente**	*inconvenience*
	-ismo	-ism	**individualismo**	*individualism*
	-ista	-ist	**guitarrista**	*guitarist*
	-mianto	-ment	**entretenimiento**	*entertainment*
ADJECTIVES	-ante	-ant	**importante**	*important*
	-ente	-ent	**presente**	*present*
	-ico	-ic	**métrico**	*metric*
	-ico	-ical	**idéntico**	*identical*
	-ivo	-ive	**activo**	*active*
	-oso	-ous	**famoso**	*famous*
MISCELLANEOUS SPELLING PATTERNS	es-	s-	**estado**	*state*
	-c-	-c/k-	**marcar**	*to mark*
	-c-	-qu-	**único**	*unique*
	-et-	-ect-	**adjetivo**	*adjective*
	-f-	-ph-	**triunfo**	*triumph*
	-i-	-y-	**mito**	*myth*
	-j-	-x-	**ejecutivo**	*executive*
	-t-	-th-	**teatro**	*theatre*

4. Other recognizable cognates do not seem to follow predictable patterns. However, it is usually not too difficult to guess their meaning. Here are some additional cognates from the text.

aeropuerto	*airport*
museo	*museum*

5. Spanish has also borrowed some words from English and then given them a Spanish spelling.

esquí	*ski*
jonrón	*home run*
líder	*leader*

¡Ya sabes

¿QUÉ SABES TÚ?

Based on what you already know, say whether each statement is **cierto** *(true)* or **falso** *(false)*.

1. Spanish is the second most widely spoken language in the United States.

2. Spanish-speaking newspapers are published in many American cities.

3. English and Spanish usually do not have words in common.

4. Some Spanish words have written accent marks.

¡A VISTA DE PÁJARO!

Skim through the reading and look at the illustrations. Which of the following topics are discussed?

1. Newspapers headlines

2. Brief advertisements

3. Street signs

4. Wedding announcements

Visitas esta ciudad hispana y miras los letreros[1]. Tú ya[2] comprendes el significado[3] de cada uno, ¿no? Comprendes las palabras porque son similares al inglés. ¿Ya ves? ¡Tú ya sabes español!

[1] signs
[2] already
[3] meaning

español!

SI NECESITAS UNA BUENA EXCUSA PARA USAR LA MEJOR PELÍCULA DE DIAPOSITIVAS DEL MUNDO...

PAQUETE AHORRO

OMNI

100

...ÉSTA ES TU OCASIÓN.

LA FOTOGRAFÍA

[1] newspaper [3] Of course!
[2] news

EL DIARIO

EL DIARI
PERIÓDICO INDEPENDIENTE DE LA MAÑANA

El turismo

ROSA DÍAZ

Escuelas reciben libros nuevos

Las escuelas secundarias del país reciben mucho dinero del gobierno para libros y computadoras

Falta de electricidad en el Caribe
Huracán causa desastre

El pacto comercial norteamericano contribuye al progeso de las naciones

Exposición, venta y subasta ante Notario de objetos cedidos desinteresadamente por distintas personalidades

Cosas importantes para Causas imprescindibles

del 3 al 16 de Abril de 1997 Centro Cultural CaSa

FOTOMUNDO
FOTOCOPIADORAS
ANALÓGICAS Y DIGITALES
EQUIPOS MULTIFUNCIONALES
Imágenes impecables
306 73 99 01

Choose the sign you would look for if you were going to the following places:

1. Downtown
   a. AEROPUERTO   b. CENTRO   c. CINE

2. To buy medicine
   a. POLICÍA   b. FARMACIA   c. CAFETERÍA

3. To park your car
   a. HOSPITAL   b. MUSEO   c. GARAJE

4. To take public transportation
   a. BANCO   b. AUTOBÚS   c. TEATRO

5. To go shopping
   a. SUPERMERCADO   b. ESCUELA   c. RESTAURANTE

¡ADIVINEMOS!

You can already recognize many words that are similar in Spanish and English. **Restaurante, hotel, hospital, cafetería,** and other words like these are called *cognates*. Be careful! Many words may look the same, but they are still pronounced differently.

Some cognates are also spelled somewhat differently. For example:
diferente = *different*
profesión = *profession*

Some Spanish words look like English words but have different meanings. These are *false cognates*. For example:
lectura = *reading* (not *lecture*)
librería = *bookstore* (not *library*)

Give the English cognate for each of the following words:

1. banana
2. concierto
3. drama
4. familia

5. palacio
6. computadora
7. persona
8. piano

9. presidente
10. profesor
11. silencio
12. tráfico

Read the words in columns A and B. Pair each word in column A to a related one in column B. Write your answers on a separate sheet of paper.

A

1. medicina
2. radio
3. teatro
4. ciencia
5. metal
6. calendario
7. flores
8. animal
9. fruta
10. estadio
11. oficina
12. foto
13. tenis
14. automóvil
15. doctor

B

a. biología
b. elefante
c. días
d. aspirina
e. raqueta
f. actor
g. motor
h. música
i. paciente
j. cámara
k. fútbol
l. computadora
m. rosas
n. platino
ñ. pera

Actividad **3**

Imagine that you are looking through a Spanish newspaper. Read the headlines and decide in which **sección** (A, B, C, D or E) the corresponding article would appear. Remember that you don't have to understand every word to choose the appropriate category.

Secciones

A. Deportes
B. Política
C. Espectáculos *(Entertainment)*
D. Economía y finanzas *(Business and Finance)*
E. Misceláneas *(General Interest Stories)*

1. La elección presidencial de noviembre
2. Dieta deliciosa de frutas y vegetales
3. Bandidos asaltan el banco
4. La Copa Mundial de Fútbol
5. Belice: la atracción del Caribe
6. Funcionarios sudamericanos visitan la Casa Blanca
7. Los efectos especiales de *Parque Jurásico*
8. Los juegos olímpicos de verano
9. Un jaguar escapa del zoológico
10. Gran exhibición de pinturas en el Museo de Artes
11. Nuevo disco compacto del grupo Blanco y Negro
12. Doctores descubren medicina para la artritis
13. El ministro de educación habla en público
14. Sube el precio del petróleo
15. La exportación de automóviles aumenta

Actividad 4

Imagine that you are looking at a Spanish language newspaper printed in the United States. Read the following headlines and decide whether each would be nacional (national) or internacional (international) news.

1. Magnífico aeropuerto en la ciudad de Denver
2. El actor Antonio Banderas será Rodolfo Valentino
3. Italia vence a Alemania en fútbol: 3–1
4. Preparativos para los Juegos Panamericanos
5. Los ritmos latinos triunfan en los Estados Unidos
6. El "chunnel" entre Francia e Inglaterra: la conexión directa
7. Computadoras y CD-ROM para la educación secundaria en Texas
8. Mucho turismo en Australia
9. Celebraciones para el 4 de julio
10. Más animales para el zoológico de San Diego

¿Cuándo dices...?

¿Qué sabes tú?

Check your knowledge of **nombres hispanos** by responding to the following statements with **cierto** or **falso**:

1 Sánchez is a very common last name in Spanish.

2 Hispanics have only one first name.

3 Many Hispanics have two last names.

4 Some Spanish last names have written accent marks.

¡A vista de pájaro!

Skim through the reading. What are the three main topics?

1 Geography of the Hispanic world

2 Common Spanish last names

3 Origins of Spanish last names

4 Double Spanish last names

NOMBRES Y APELLIDOS HISPANOS

¿Tienes un apellido[1] hispano? ¿Alguno de tus amigos tiene uno? ¿Sabes que algunos de los apellidos más comunes en español son Fernández, González y Sánchez? Nota que muchos apellidos hispanos terminan en "ez". En el español antiguo la terminación "ez" es un sufijo que se aplica al hijo de una persona. Con los años, muchos de estos sufijos se convierten en apellidos. Por ejemplo, si tu apellido es González, tal vez una de tus relaciones se llama Gonzalo.

También los apellidos vienen de otras partes. Pueden venir de una profesión (Molina[2], Escudero[3]); un título de nobleza (Caballero, Infante); un color (Blanco, Rojas); la naturaleza (Palma, Flores); un aspecto físico (Moreno, Calvo[4]); una localidad (Segovia, Zamora) o una construcción (Castillo, Torres).

Si alguna vez ves un árbol genealógico, vas a notar la cantidad de apellidos que usa la gente hispana. Generalmente los hispanos usan dos apellidos: el apellido paterno y el apellido materno. Para Elena Sánchez Delgado, el apellido de su papá es Sánchez y el apellido de su mamá es Delgado.

Tradicionalmente, la mujer casada[5] conserva el apellido paterno y añade[6] el apellido de su esposo. Por ejemplo, cuando Elena Sánchez Delgado se casa con Nicolás Fernández Prado, ella va a ser Elena Sánchez de Fernández. Hoy en día[7], la mujer casada puede escoger no usar el "de" o remplazarlo[8] por un guión[9]. Así, Elena puede convertirse en la Sra. Elena Sánchez-Fernández. Sus hijos son José y Carmencita Fernández Sánchez.

¿Estás confundido? Por eso, existen los árboles genealógicos —para recordar la historia de la familia y para entender la relación entre familiares.

[1] last name
[2] miller
[3] squire
[4] bald
[5] married
[6] adds
[7] Nowadays
[8] replace it
[9] hyphen

UN ÁRBOL GENEALÓGICO DE NUESTRA FAMILIA

José Sánchez Moreno

Josefina Moreno del Valle

Jorge Delgado Palma

Susana Torres del Río

Hernán Fernández Molina

Isabel Castillo Ríos

Joaquín Prado Rivera

Ana María Flores Palacios

Felipe Sánchez Moreno

Andrés Sánchez Moreno

María Delgado Torres

Jorge Delgado Torres

Hernán Fernández Castillo

Gloria Prado Flores

Roberto Sánchez Delgado

Francisco Sánchez Delgado

Elena Sánchez Delgado

Nicolás Fernández Prado

Ester Fernández Prado

José Fernández Sánchez

Carmencita Fernández Sánchez

¿COMPRENDISTE TÚ?

Lee las siguientes *(following)* frases. Di *(Say)* si son **ciertas** o **falsas**.
Si son falsas, explica el porqué.

	CIERTO	FALSO
1. Un apellido hispano muy común es Gónzalez.	❏	❏
2. Muchos apellidos hispanos terminan en "ez".	❏	❏
3. Generalmente los hispanos usan un solo apellido.	❏	❏
4. El apellido materno es el apellido del papá.	❏	❏
5. Los hijos llevan generalmente dos apellidos.	❏	❏
6. María Pérez de Ríos es una mujer casada.	❏	❏
7. Ana Elena Rojas-López es una mujer casada.	❏	❏
8. El apellido Duque es también un título de nobleza.	❏	❏

Mira la ilustración de la página 11 y contesta las siguientes preguntas.

1. ¿De dónde crees que viene el apellido Sánchez?
2. ¿Cuál es la relación entre Ester Fernández Prado y Hernán Fernández Molina?
3. ¿De dónde crees que viene el apellido Castillo?
4. Después de que María Delgado Torres se case, ¿cuál va a ser su nombre?
5. ¿En dónde se originan los apellidos Prado y Flores?

Actividad

Lee los nombres de las siguientes personas. Todas son familiares. Indica la relación familiar en la columna apropiada. Pista *(Clue):* Rodolfo Campos Palacios es el papá.

	Papá	Mamá	Hijo	Hija
1. Susana Fernández-Campos				
2. Linda Campos Fernández				
3. Rodolfo Campos Palacios	X			
4. Juan Campos Fernández				
5. Laura Campos Fernández				

¡Aprendamos más!

Los apodos

Un apodo *(nickname)* es la abreviación del nombre de pila *(baptismal name)* de una persona. Además de *(Aside from)* apodos, para expresar afecto o cariño se usan diminutivos.

Para formar un diminutivo, se le añade la terminación **-ito(a)** al apodo o al nombre de una persona. Los diminutivos se usan mucho con los nombres de los niños. Por ejemplo:

Nombre de pila	Apodo	Diminutivo
Alberto	Beto	Albertito/Betito
Antonio	Toño	Toñito
Enrique	Quique	Enriquito
Francisco	Pancho	Panchito
	Paco	Paquito
Ignacio	Nacho	Nachito
José	Pepe	Pepito/Joselito
Juan	Juancho	Juanito
Dolores	Lola	Lolita
Graciela	Chela	Chelita
Guadalupe	Lupe	Lupita
Isabel	Chabela	Chabelita
Mercedes	Meche	Mechita
Rosario	Charo	Charito
Teresa	Tere	Teresita

Actividad 2

Muchos jóvenes hispanos usan dos nombres: Juan Pablo, María Dolores, etc. Completa todas las oraciones. Luego, para saber el sobrenombre *(nickname)* de María Isabel, pon las letras encuadradas *(from the boxes)* en los espacios de abajo, siguiendo el orden.

1. Lo contrario de paterno es: ☐ _ _ _ _ _ _

2. Un sinónimo de sobrenombre es: ☐ _ _ _ _

3. El nombre de Charo es: ☐ _ _ _ _

4. El diminutivo de Juan es: _ _ _ _ ☐ _ _

5. El apodo de Alberto es: ☐ _ _ _

6. El apodo de Teresa es: _ _ _ ☐

7. El apodo de Graciela es: _ _ _ ☐ _

María Isabel = ☐ ☐ ☐ ☐ ☐ ☐

Actividad 3

Tú eres el maestro de niños en una guardería infantil *(kindergarten).* Mira la siguiente lista y escribe el diminutivo de los nombres de tus estudiantes.

1. Eduardo
2. Daniel
3. Miguel
4. Pablo
5. Roberto

6. Laura
7. Marcela
8. Marta
9. Rosa
10. Sara

¡ADIVINEMOS!

En español, muchas palabras que terminan con **-ia** y **-io** son cognados de palabras en inglés que terminan con **-y.** Por ejemplo:

familia = *family*
La **familia** de Laura es muy simpática.

matrimonio = *matrimony*
Los Rodríguez celebran diez años de **matrimonio.**

Actividad 4

Adivina los cognados en inglés de las siguientes palabras y escríbelos en otra hoja de papel.

1. ceremonia
2. compañía
3. democracia
4. emergencia
5. estudio
6. excelencia
7. extraordinario
8. farmacia
9. industria
10. matrimonio
11. ordinario
12. solitario

Actividad 5

Completa las siguientes frases con una de las palabras de la Actividad 4.

1. Cada hospital tiene una sala de…
2. Invitan a mucha gente para el … de su hija.
3. La … de graduación fue elegante.
4. Vamos a comprar medicinas en la…
5. La … de carros está en Detroit.
6. El … de las matemáticas es muy importante.

¿Cuándo dices…?

Antes de leer...

¿Qué sabes tú?

Responde las siguientes preguntas:

1 ¿Te gusta escribir cartas?

2 ¿Tienes amigos por correspondencia *(pen pals)*?

3 Si escribes una carta de presentación, ¿qué información incluyes?

¡A vista de pájaro!

Mira rápidamente la lectura. Luego, completa las siguientes oraciones con la opción correcta.

1 El autor de la lectura es...
   a. una chica
   b. un chico

2 Vive en...
   a. Santiago
   b. Quito

3 Escribe...
   a. una novela
   b. una carta

4 Describe...
   a. su vida
   b. la vida en la ciudad

16 • *Lectura 3* *Querida amiga:*

Querida AMIGA:

¡Hola! ¿Qué tal?:

Me llamo Sara Elena Garcés Rivas. Mis amigos me llaman Sara pero mis padres me llaman Sara Elena. Tengo quince años y soy estudiante de colegio secundario. Vivo en Quito, la capital de Ecuador. Mis padres son José Garcés Arana y Elena Rivas de Garcés. Mi papá es doctor y mi mamá es profesora.

Tengo dos hermanos. Yo soy la mayor[1]. ¿Cómo soy? De físico, soy mediana de estatura y quizás[2] un poco delgada[3]. De carácter, soy amable, sincera y graciosa[4]. Mi defecto principal es ser terca[5]. Mi mamá dice que otro defecto que tengo es usar demasiado la expresión "depende".

No vas a creer lo que me pasó el otro día. Mi mamá me dejó[6] ir al centro comercial con mi amiga, Pilar. Pero tenía[7] que volver a casa a las tres en punto. Camino a casa, se rompe el autobús. ¡Ya eran[8] las cuatro! ¿Te puedes imaginar lo que pasó después?

Pero, en verdad soy una chica regular. Me gusta escuchar discos compactos. Tengo muchos discos de Selena y de Luis Miguel. Son mis cantantes favoritos.

Me gusta estudiar y recibo buenas notas[9]. Me encanta el colegio. Mi asignatura[10] favorita es historia. Mi personaje histórico favorito es Simón Bolívar. Un día quiero ir a Venezuela para visitar la casa-museo de Bolívar en Caracas.

¿Qué quiero hacer en el futuro? Quiero ser profesora de historia o de inglés. No estoy decidida todavía. Pero lo que sé es que me gustaría viajar y ver todos los lugares[11] históricos que están en mis libros.

Ahora que tú sabes un poco de mí, dime, ¿cómo eres tú?

Tu amiga,
Sara Elena Garcés

[1] oldest	[4] witty	[7] I had	[10] subject
[2] perhaps	[5] stubborn	[8] was	[11] places
[3] thin	[6] let me	[9] grades	

¿COMPRENDISTE TÚ?

Lee las siguientes frases. Indica *(Indicate)* si son **ciertas** o **falsas**.
Si son falsas, explica el porqué.

CIERTO   FALSO

1. Sara Elena no tiene apodo. ❏ ❏
2. Ella vive en una capital latinoamericana. ❏ ❏
3. Ella es estudiante de una escuela elemental. ❏ ❏
4. Tiene cuatro hermanos. ❏ ❏
5. La asignatura favorita de Sara Elena es biología. ❏ ❏
6. Ella es muy estudiosa. ❏ ❏
7. Sara Elena es una persona sincera. ❏ ❏
8. Su papá es doctor. ❏ ❏
9. Sara Elena quiere ser médica. ❏ ❏
10. Sara Elena piensa en viajar. ❏ ❏

Completa la siguiente lista con tus datos personales. Luego, comparte la lista
con un(a) compañero(a) e indica cuáles son las cosas que tienes en común
con Sara Elena Garcés.

Información personal
1. Nombre y apellido: _____
2. Apodo: _____
3. Edad: _____
4. Dirección: _____
5. Estatura: _____

Personalidad
6. Carácter: _____
7. Pasatiempo *(hobby)* favorito: _____

Gustos
8. Personaje histórico preferido: _____
9. Cantantes favoritos: _____
10. Deportes preferidos: _____
11. ¿Qué programas de televisión te gustan? _____
12. ¿Qué países deseas conocer? _____

Querida amiga:

¡Aprendamos más!

Oficios y profesiones

Con el verbo **ser,** los artículos indefinidos **(un, una, unos, unas)** se omiten si indican una profesión, excepto cuando la profesión está modificada por un adjetivo. Por ejemplo:

Mi papá es **dentista.**

Mi papá es **un dentista excelente.**

Unos oficios *(trades)*

un cajero	una cajera	*cashier*
un cocinero	una cocinera	*cook*
un electricista	una electricista	*electrician*
un peluquero	una peluquera	*hairdresser*
un vendedor	una vendedora	*salesperson*
un plomero	una plomera	*plumber*

Unas profesiones

- **Medicina**

un doctor	una doctora	*doctor*
un enfermero	una enfermera	*nurse*

- **Comercio y negocios**

un abogado	una abogada	*lawyer*
un contador	una contadora	*accountant*
un gerente	una gerente	*manager*

- **Comunicaciones** *(Media)*

un fotógrafo	una fotógrafa	*photographer*
un locutor	una locutora	*radio or TV personality*

- **Ciencias y técnicas**

un arquitecto	una arquitecta	*architect*
un científico	una científica	*scientist*
un ingeniero	una ingeniera	*engineer*

Actividad 1

¿Quiénes trabajan en estos lugares? En otra hoja de papel, escribe dos oficios apropiados para cada lugar.

a. En un restaurante

b. En una casa

c. En un centro comercial

d. En un banco

e. En un hospital

Actividad 2

Lee lo que estas personas hacen y di cuál es su profesión.

1. Luis construye puentes *(bridges).*   Es _____.

2. El Dr. Marín hace trabajos químicos.   Es _____.

3. La Srta. Ayala diseña *(designs)* casas. Es _____.

4. Alfredo estudió medicina.   Es _____.

5. Irene trabaja en la caja de un banco.   Es _____.

6. Javier saca fotografías en las bodas.   Es _____.

7. Inés tiene un programa de radio.   Es _____.

8. Eduardo trabaja en la corte.   Es _____.

Actividad 3

Prepara tu tarjeta de identidad. Escribe la siguiente información:

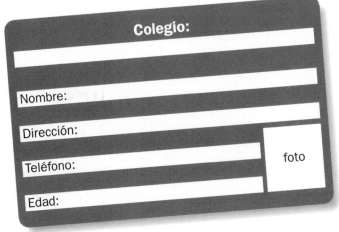

Colegio:

Nombre:

Dirección:

Teléfono:

foto

Edad:

En una hoja de papel contesta las siguientes preguntas:

1. ¿Cuáles son tus oficios o profesiones preferidas?

2. ¿Puedes nombrar a cinco personas de tu familia y los oficios o profesiones de cada una?

3. ¿Cuáles son los oficios más peligrosos? ¿Por qué?

4. ¿Crees que un doctor es más importante que un locutor? Explica tu respuesta.

Actividad 5

Usa la Internet u otra manera de comunicarse con el mundo hispano para buscar un amigo por correspondencia.

• Escríbele una carta de presentación explicándole cómo eres, qué te gusta hacer y qué quieres ser en el futuro.

• Antes de mandar tu carta, pídele a un(a) compañero(a) que lo revise por faltas

¿Cuándo dices...?

MASCOTAS

PARA TODOS LOS GUSTOS

¿QUÉ SABES TÚ?

Con un(a) compañero(a), escriban una lista de mascotas comunes y poco comunes. ¡No se olviden de incluir sus propias mascotas!

¡A VISTA DE PÁJARO!

Con tu compañero(a), miren la lectura rápidamente para ver si encuentran algunas de las mascotas que ustedes nombraron *(named)*. Si encuentran alguna, hagan una marca (**X**) en su lista.

¿Tienes una mascota? Tal vez tienes un gato o un perro. ¿Sabías[1] que hay más de cuarenta especies de mascotas o animales domésticos? Algunos de estos animales ayudan al hombre a sobrevivir (por ejemplo, una vaca que da leche) y otras mascotas nos sirven de diversión y compañía.

Con seguridad, ya conoces el gato y el perro. En las siguientes páginas te vamos a presentar unas mascotas para todos los gustos: mascotas comunes y poco comunes.

La iguana

La iguana es un reptil que viene de México, América Central y del Sur. Usa su color verde para confundirse y esconderse entre las hojas de los árboles. La iguana se alimenta de hojas verdes, vegetales y frutas.

Si tienes una iguana como mascota, debes guardarla en un terrario y darle de comer una dieta variada de vegetales verdes. Principalmente todo lo que tiene proteínas. ¡Ojo![2] No debes darle de comer ni lechuga[3] ni comida para perros. La lechuga no tiene proteínas y la comida para perros no es buena para la digestión de la iguana.

la iguana

Recuerda que a las iguanas les gusta mucho el sol porque les proporciona vitamina D. Por eso se quedan tomando sol muy quietas durante muchas horas. Si quieres una mascota tranquila que no haga ruidos, la iguana es una mascota para ti.

[1] Did you know
[2] Be careful!
[3] lettuce

el p a p a g a y o

Los p á j a r o s

Muchas personas tienen pájaros (como el
canario y el **papagayo**) como mascotas para alegrar
sus casas con su canto y sus colores. Pero no todos los pájaros son
domésticos. Aquí te presentamos unos pájaros dóciles.

El canario es pequeño, de color amarillo y debe vivir en una jaula[1]
para que no se escape. Se alimenta de semillas especiales y agua.
Al canario le gusta cantar, especialmente cuando recibe la luz del sol.

Si buscas la compañía de una mascota que charla mucho, el papagayo
está a tu disposición. Este pájaro tropical de pico[2] grueso y patas[3]
largas, puede vivir en una jaula o en un palo. Sus colores son brillantes,
principalmente verde y amarillo. Si le enseñas a saludar en español,
puede ser el primer pájaro bilingüe de tu calle.

La l l a m a

La llama es un animal doméstico muy útil[4]. También es una mascota
muy dócil y buena. Es el símbolo nacional del Perú y vive en las altas
montañas de los Andes en Perú, Ecuador, Bolivia, Chile y Argentina. La
gente de esa región usa la llama para el transporte de carga. Los incas
utilizaron este animal cuando construyeron[5] sus ciudades y templos.

La lana de la llama sirve para hacer ropa y otras materiales que ayudan
a la gente de los Andes a sobrevivir.

[1] cage   [3] legs   [5] they constructed
[2] beak   [4] useful

la l l a m a

El hámster

Entre todos los roedores[1], los hámsters son las mascotas más populares. Son atractivos y graciosos por su color y porque pueden jugar dentro de jaulas especialmente diseñadas para ellos. Si decides tener un hámster, debes tener especial cuidado en mantener su jaula siempre limpia. Tampoco debes dejar la jaula cerca de una ventana porque se pueden enfermar por el frío. Recuerda que la temperatura ideal para tener un hámster como mascota es de 70 grados Fahrenheit.

El hámster es un animal muy independiente, y si tú tienes que estar mucho tiempo fuera de tu casa, puede quedarse solo en su jaula porque normalmente duerme durante el día.

La comida preferida de los hámsters son las semillas y los cereales sin azúcar. Además pueden comer vegetales, huesos para perros y... ¡también comen insectos pequeños! Y, por supuesto, siempre deben tener mucha agua para beber.

El hurón

Los hurones son animales domésticos, de la familia de las comadrejas[2]. Aunque parecen ratones gigantes, no lo son. Son tan inteligentes como los perros y los gatos. También son muy amistosos y excelentes mascotas. Además tienen el sentido del olfato y del oído muy desarrollados.

Los hurones son muy juguetones y se pueden entrenar para cosas divertidas. Les encanta ir en el hombro[3] de su dueño a todos lados. Les gusta correr, así que si tienes un hurón, tienes que jugar con él todos los días. Juegan con todo lo que encuentran, especialmente objetos pequeños y blandos[4]. Y sobre todo... ¡cuidado con las plantas! A los hurones les gusta hacer pozos[5] en la tierra.

Los hurones viven entre seis y diez años, y necesitan mucho cuidado y atención durante los primeros meses. Generalmente se llevan bien con los perros y los gatos, pero igualmente debes tener cuidado al principio para controlar su comportamiento[6].

el hurón

[1] rodents   [3] shoulder   [5] holes
[2] weasels   [4] soft   [6] behavior

¿Buscas una MASCOTA más típica?

El gato

El gato es uno de las mascotas más típicas. Puede vivir en los apartamentos o en las casas, pero a diferencia del perro, el gato es un animal independiente. Le gusta estar solo y que no lo molesten, pero siempre vuelve donde le dan de comer. ¡Cuidado! ¡A veces arañan![1]

En algunas ciudades grandes hay muchos gatos que no tienen casa, y frecuentemente puedes verlos caminando por las calles, o en casas abandonadas.

Si quieres tener un gato como mascota, recuerda preparar un lugar especial para que duerma, como un almohadón[2] y una manta[3] para protegerlo del frío. ¡Y no te olvides de darle un ovillo[4] de lana para que juegue!

El perro

Es un animal doméstico muy famoso en todo el mundo. Hay muchas razas[5] de perros y pueden vivir en la ciudad, en el campo, en apartamentos o en casas. Hay personas que utilizan los perros para cazar[6], otras para competir en exposiciones y otras como mascotas de compañía. ¡Hasta la policía los usa en su trabajo!

Se alimenta principalmente de carne que la puedes preparar tú mismo(a), o puedes comprar alimento para perros en el supermercado. También es bueno que una o dos veces al día coman galletas para perros y siempre deben tener agua fresca para beber.

El perro se divierte mucho cuando juega con las personas, con una pelota, o cuando arrojas[7] un palo para que lo traiga. Generalmente está cerca de su dueño y siempre ladra[8] para avisar que hay un extraño cerca de la casa. Por algo, todos dicen que el perro es el mejor amigo del hombre.

[1] they scratch
[2] cushion
[3] blanket
[4] ball

[5] breed
[6] to hunt
[7] throw
[8] barks

¿COMPRENDISTE TÚ?

Lee con cuidado las siguientes frases. Di si son **ciertas** o **falsas**.
Si son falsas explica el porqué.

	CIERTO	FALSO
1. Una mascota es un animal doméstico.	❑	❑
2. Los perros solamente viven en casas.	❑	❑
3. El gato es un animal independiente.	❑	❑
4. El papagayo y el canario son pájaros domésticos.	❑	❑
5. El papagayo necesita una jaula para vivir.	❑	❑
6. La llama es el símbolo nacional del Perú.	❑	❑
7. La lana de la llama sirve para hacer ropa.	❑	❑
8. Estados Unidos es el único país donde hay iguanas.	❑	❑
9. El sol proporciona vitaminas que la iguana necesita.	❑	❑
10. Los hurones son roedores.	❑	❑
11. Si tienes un hurón, puedes pasear con él en tu hombro.	❑	❑
12. Los hámsters viven en lugares fríos.	❑	❑

¡A VER!

Ya sabes que todas las mascotas necesitan especial cuidado y atención.
Pregúntale a un(a) compañero(a) si tiene mascota y pídele que conteste las
siguientes preguntas. Escribe sus respuestas en una hoja de papel y luego
compártelas con la clase.

1. ¿Juegas todos los días con tu mascota?

2. ¿Cuántas veces limpias el lugar donde duerme?

3. ¿Qué tipo de alimento come?

4. ¿Llevas tu mascota al veterinario?

5. ¿Con qué juega tu mascota?

6. ¿Cómo es la personalidad de tu mascota?

Lee cada frase. ¿Qué mascota describe?

caballo	gato	pez	hurón
canario	hámster	tortuga	papagayo
conejo	iguana	llama	perro

1. Soy pequeño y dorado. Vivo en el agua porque me gusta nadar *(to swim)*.

2. Soy inteligente y me gusta la vida en familia y dar paseos. Cuido la casa.

3. Tengo orejas largas y como vegetales. Soy el símbolo de las Pascuas.

4. Soy un animal de carga. Vivo en un corral pero me gusta más ir a los rodeos.

5. Vivo en una jaula. Soy pequeño y me gusta cantar.

6. Tengo cuatro patas y camino lentamente. Mis parientes famosos viven en las Islas Galápagos.

7. Soy amistosa y mi color sirve para esconderme entre los árboles. Me gusta mucho el sol.

8. Dicen que tengo siete vidas. Soy una mascota muy común y soy un animal muy independiente.

9. Soy un roedor muy pequeño. Un pariente mío es el ratón. En mi jaula hago mucho ejercicio.

10. Puedo oler y escuchar muy bien. Me gusta hacer pozos en la tierra.

Actividad 2

Tú y tus hermanos quieren adoptar un perro o un gato como mascota. Pero hay un problema. Tienen que convencer a sus padres. Completa la siguiente información para mejorar *(improve)* su argumento.

1. Queremos tener un...

2. Queremos adoptarlo en el mes de...

3. Sabemos cuidarlo de la siguiente manera:

4. Nuestra mascota necesita los siguientes elementos:

5. Elegimos el nombre de nuestra mascota porque...

¡Aprendamos más!

Las razas de los perros y los gatos

Hay distintas especies de animales que puedes tener como mascotas. También puedes elegir para cada especie una **raza** *(breed)* diferente. En la siguiente lista aparecen las razas más comunes de perros y gatos.

Perros

dálmata	*Dalmatian*
pastor alemán	*German Shepherd*
galgo	*Greyhound*
viejo pastor inglés	*Old English Sheepdog*
pekinés	*Pekinese*
pomerania	*Pomeranian*
gran danés	*Great Dane*
doberman	*Doberman pinscher*

Gatos

de Angora	*Angora*
persa	*Persian*
siamés	*Siamese*
abisinio	*Abyssinian*
sin cola	*Manx cat*

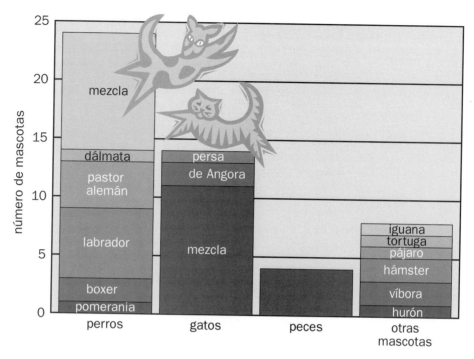

Actividad **3** Linda hizo una encuesta para saber cuál es el tipo de mascota preferida. Pidió *(she asked for)* información a cincuenta estudiantes. Éstos son los resultados:

número de mascotas

25

20 mezcla

15

dálmata   persa
de Angora
pastor
alemán

10

iguana
tortuga
labrador   mezcla   pájaro

5
hámster

boxer   víbora
pomerania   hurón
0
perros   gatos   peces   otras
mascotas

Ahora, prepara tu propia encuesta y haz una gráfica de los resultados. Preséntala a la clase.

¿Cuándo dices...?

¡SOCORRO!

¿QUÉ SABES TÚ?

Haz una lista de todo lo que sabes de Barcelona. Luego, anota lo que quieres aprender.

¡A VISTA DE PÁJARO!

Mira rápidamente la lectura y busca la siguiente información:

1. El nombre del barrio antiguo de la ciudad

2. El idioma que se habla en Barcelona

3. El nombre del lugar donde Cristóbal Colón se reunía *(met with)* con los reyes de España

4. La iglesia más famosa de Barcelona

Barcelona

Barcelona es una de las ciudades más importantes de España, por su historia y por su cultura. Se dice que no hay otra ciudad en España como Barcelona. ¿Por qué? Porque es una ciudad antigua y moderna al mismo tiempo.

Un vistazo a la ciudad

La famosa avenida de Barcelona, Las Ramblas, conecta lo moderno y lo contemporáneo con el antiguo Barrio Gótico. Las Ramblas fue construida en 1907 y se extiende desde el puerto hasta la Plaza de Cataluña, que está en el centro de la ciudad. Este lugar se caracteriza por su vida nocturna[1], que empieza cerca de las siete de la noche, y reúne[2] a artesanos, a músicos y a muchos turistas.

El Liceo es el teatro de ópera que queda[3] en Las Ramblas. Tiene 3.000 asientos para sus espectadores, y por su capacidad es el segundo teatro después de la famosa Scala de Milán, en Italia.

Barcelona fue el lugar donde se celebró la primera Olimpíada que tuvo lugar en España, en 1992. Para las olimpíadas, el gobierno de España construyó edificios nuevos. Tres de estos lugares se conocen con el nombre de Anillo Olímpico y están en la montaña de Montjuich.

Lo más tradicional de Barcelona es su lengua, el catalán, y su vida intelectual. Esta ciudad es el lugar ideal para la gente que le gusta el arte, la música y el teatro. Hay editoriales[4] de libros de fama mundial, la arquitectura única de la ciudad es uno de los atractivos principales y, por supuesto, los días de fiesta catalanes son muy divertidos.

Pero además, Barcelona es una ciudad con muchas industrias. Gracias a esto, es una ciudad muy próspera y con mucha riqueza.

Datos históricos

Fue en los siglos XIII y XIV que Barcelona, la capital del reino de Cataluña y Aragón, se hizo[5] importante. En el siglo XV, con la boda del rey Fernando de Aragón con Isabel la Católica, Cataluña perdió su independencia. Pero guardó[6] su caracter catalán y semiautónomo. Este caracter independiente continuó a pesar de que muchos monarcas españoles trataron de dominar a los catalanes, y continuó aun durante la dictadura de Francisco Franco.

LAS RAMBLAS

LAS RAMBLAS

[1]night life   [3]located   [5]became
[2]brings together   [4]publishing companies   [6]kept

Un lugar muy importante es el Salón del Trono de la Catedral de Barcelona. Allí, Cristóbal Colón les contaba sobre sus viajes a Fernando e Isabel, los Reyes Católicos. Mirando hacia el puerto, hay una estatua de Colón señalando[1] al mar. Es un símbolo histórico de la relación de esta ciudad con el océano.

Después de la muerte de Franco, el espíritu catalán floreció[2] más. En las escuelas se enseña el catalán y el castellano (o español). La gente es bilingüe, pero muchos letreros, como los de las calles, están escritos en catalán. Por ejemplo, la palabra *carrer* significa "calle", *passeig* significa "paseo", y *avinguda* significa "avenida".

La arquitectura de Barcelona

Cataluña produjo muchos arquitectos famosos. Pero de todos, Antonio Gaudí es el arquitecto legendario barcelonés. Barcelona es una ciudad que se identifica con las obras de un solo arquitecto.

CATEDRAL DE BARCELONA

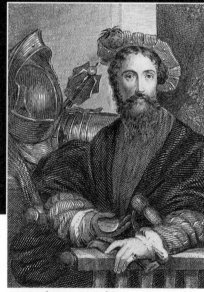

CRISTÓBAL COLÓN

IGLESIA DE LA SAGRADA FAMILIA

SAGRADA FAMILIA

[1] pointing to   [2] flourished

En 1952, la ciudad de Barcelona declaró monumentos históricos y nacionales los edificios y obras de este arquitecto.

Quizás la obra más famosa de Gaudí es la Iglesia de la Sagrada Familia. Es la iglesia más fotografiada de Barcelona y la que le dio fama internacional a Gaudí, aunque no está terminada. Él dedicó los últimos cuarenta años de su vida a esta obra que se interrumpió debido[1] a su muerte. Pero la construcción se reinició en 1940 y todavía continúa de acuerdo con los planos del arquitecto.

Otros lugares para visitar

¡Claro que hay otros lugares de interés en Barcelona! Dos de ellos están dedicados a artistas catalanes de fama mundial.

Uno es el Museo Picasso, donde se exhiben las pinturas de Pablo Picasso. Entre sus obras más famosas se destaca *Guernica,* una pintura que trata sobre la Guerra Civil Española.

El otro lugar que todos deben visitar es la Fundación Miró, un museo que exhibe las obras del pintor modernista Joan Miró. Este artista se caracterizó por usar muchos colores y formas abstractas.

Como puedes ver, lo antiguo y lo moderno viven juntos en Barcelona.

El carnaval del arlequín, Joan Miró (1893-1983)

[1] due to

¿COMPRENDISTE TÚ?

Lee las siguientes frases. Di si son ciertas o falsas. Si son falsas, explica el porqué.

	CIERTO	FALSO
1. Las Ramblas es una larga y famosa avenida de Barcelona.	❏	❏
2. El Liceo de Barcelona es un colegio militar.	❏	❏
3. El Barrio Gótico es el más moderno de Barcelona.	❏	❏
4. Barcelona fue la capital de España durante el siglo XIV.	❏	❏
5. Cristóbal Colón se reunió con los Reyes Católicos en la Plaza de Cataluña.	❏	❏
6. El Anillo Olímpico de Barcelona consiste en tres construcciones para hacer deportes.	❏	❏
7. Gaudí terminó la Iglesia de la Sagrada Familia en 1926.	❏	❏
8. La Fundación Miró es un museo modernista.	❏	❏

Completa las siguientes frases con tu opinión. ¡Presta atención! Puedes completarlas con más de una opción.

1. Las ciudades antiguas como Barcelona, tienen que…

   a. conservar los edificios viejos y construir otros modernos.

   b. destruir todos los edificios viejos.

   c. prohibir la construcción de edificios modernos.

2. La gente que visita Barcelona…

   a. debe aprender catalán antes de viajar.

   b. puede hablar español solamente.

   c. puede tomar un curso de catalán mientras visita la ciudad.

3. La ciudad anfitriona de una Olimpíada tiene que…

   a. gastar tiempo y dinero en las preparaciones de los eventos deportivos.

   b. construir edificios nuevos y centros deportivos.

   c. hacer muchos anuncios comerciales para que la gente asista a los eventos.

¡ADIVINEMOS!

En español, muchas palabras que terminan con **-ante** son cognados de palabras en inglés que terminan con **-ant**. Por ejemplo:

importante = *important*
Es muy **importante** hablar inglés y español.

Muchas palabras que terminan con **-ente** son cognados de palabras en inglés que terminan con **-ent**. Por ejemplo:

inteligente = *intelligent*
Ricardo es un chico muy **inteligente**.

Actividad 1

Ahora adivina los cognados en inglés de las siguientes palabras:

1. abundante
2. diferente
3. diligente
4. tolerante
5. importante
6. impaciente

Actividad 2

Con un(a) compañero(a) de clase, escojan una ciudad que los dos conocen y contesten las siguientes preguntas. Luego, en casa, pídanles a otra persona que elija otra ciudad y que conteste las preguntas. Traigan las respuestas a la clase.

1. ¿Hay un museo? ¿Cómo se llama? ¿Qué exhiben?
2. ¿Hay un lugar famoso por su arquitectura? ¿Cuál es?
3. ¿Hay autopistas? ¿Adónde va?
4. ¿Hay centros deportivos? ¿Cuáles? ¿A qué se juega?

Actividad 3

Con un(a) compañero(a), miren la foto de la Iglesia de la Sagrada Familia. Juntos, hagan una descripción completa y digan qué es lo que más les gusta.

¡Aprendamos más!

Descripciones de objetos

Formas

Para describir un objeto, es necesario usar ciertas palabras que expliquen las características de ese objeto. Así, puedes decir que "un libro es **cuadrado**" o que "un lápiz es **liviano**".

cuadrado(a)   rectángulo   triángulo

ondulado(a)   ovalado(a)   redondo(a)

Dimensiones

corto(a)	*short*
largo(a)	*long*
alto(a)	*tall*
bajo(a)	*short, small*
delgado(a)	*thin*
espeso(a)	*thick*
enorme	*enormous*
voluminoso(a)	*voluminous*
pequeño(a)	*small*

Peso

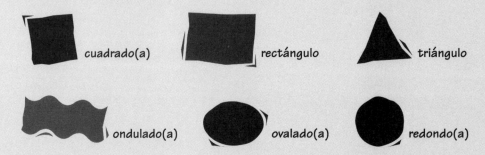

liviano(a)

pesado(a)

En una hoja de papel, describe las formas, dimensiones y peso de las cosas que hay en tu casa.

1. El mantel *(tablecloth)* de la mesa
2. Las puertas
3. Un huevo
4. Las ventanas
5. La chimenea

Para completar las siguientes frases, escoge la palabra apropiada.

1. La Navidad es un día festivo muy...

   a. importante.   b. diligente.

2. La profesora de español es muy ... con los estudiantes.

   a. abundante   b. tolerante

3. Toño es un joven muy organizado. Abel, en cambio, nunca ordena sus cosas. Toño y Abel son muy...

   a. impacientes   b. diferentes

¿Cuándo dices...?

¿QUÉ SABES TÚ?

Haz una lista de todo lo que comiste *(you ate)* ayer. Luego, compártela con un(a) compañero(a). ¿Creen que están comiendo correctamente?

¡A VISTA DE PÁJARO!

Mira rápidamente la lectura para ver si se trata de lo siguiente.

1. La pirámide de la comida
2. El peso recomendado para los jóvenes
3. La buena alimentación *(food/nourishment)*
4. Los secretos para engordar *(gaining weight)*

¡Manténte saludable!

Cuando lees una revista o ves los anuncios de la televisión, parece que[1] toda la gente desea ser delgada y atractiva. Pero nadie debe escoger entre la salud y la apariencia física. La buena salud es lo más importante que puedes tener. Por eso, debes seguir una alimentación balanceada y no dejar de comer solamente para ser delgado(a).

Estas encuestas indican que los jóvenes desean mantener el peso correcto y que son conscientes[2] de lo que consumen. Vamos a descubrir sus métodos y secretos de la alimentación.

Nombre:	**Lorena Sánchez Araiza**
Edad:	17 años
Localidad:	Guadalajara, México
Pasatiempos:	Salir con los amigos, escuchar música rock

No tengo secretos para mantener mi peso. Siempre desayuno y no tengo hambre por un buen rato. Algunos días desayuno pizza fría de la noche anterior. Otros días tomo un vaso de jugo, un yogur y pan tostado. Como hasta estar satisfecha.

Quiero conservar la línea[3] y trato de no comer entre comidas. Algunos días eso es un poco difícil porque me encanta ir al cine y a los restaurantes con mis amigos y allí siempre se me antoja[4] alguna cosita.

[1] it seems that
[2] conscious
[3] to stay thin
[4] tempt

Nombre:	**Bernardo Rojas**
Edad:	15 años
Localidad:	San Juan, Puerto Rico
Pasatiempos:	Fútbol, basquetbol, béisbol, andar en bicicleta

Siempre tengo hambre. ¡Como de todo y como mucho! Pero no me veo gordo. ¿Mi secreto? Practico muchos deportes. Juego al fútbol en el otoño, juego al basquetbol en el invierno y juego al béisbol en la primavera. Además, voy a todas partes en mi bicicleta. Tal vez, por todo lo que hago, me da mucha hambre. ¿Mi vicio[1]? El helado. Me encanta comer helado para refrescarme en nuestro clima caluroso. ¡Puedo comer hasta dos o tres en un solo día!

Nombre:	**Pilar y Mónica Salvador**
Edad:	16 y 14
Localidad:	Cuzco, Perú
Pasatiempos:	Ir a bailar, charlar con los amigos

—¡Sin comer no hay placer! —dice Pilar. —¡Me encanta comer pero mantengo mi peso!

Mónica dice: —Como tres comidas por día y mi secreto es que no como dulces[2] ni tomo refrescos. No me gustan las cosas dulces, aparte mi mamá no los compra. En ciertas ocasiones, cuando tenemos hambre y no es la hora de comer, ella nos recomienda una fruta y un vaso enorme de agua.

Nombre:	**Estudiantes del Colegio Miraflores**
Edad:	16 años
Localidad:	Sevilla, España
Pasatiempos:	Correr, pescar, jugar al fútbol

—Yo, personalmente, como bastante bien. Me encanta pescar e ir de cacería. Y me gusta comer lo que encuentro —dice Juan Pablo.

—Ay, ¡qué horror! —grita José Luis. —Yo sólo como frutas y vegetales. Dicen que es muchísimo más saludable.

—Ustedes están mal. No cabe duda[3] de que lo mejor son los postres[4]. ¡Yo no puedo vivir sin mis postres! —interrumpe Raúl.

[1] bad habit [3] there is no doubt
[2] candy [4] desserts

Cada uno de estos jóvenes tiene distintos métodos o secretos. Pero estos secretos no siempre funcionan en todas las personas. Aquí puedes leer unas recomendaciones profesionales sobre la buena alimentación.

El gobierno federal de los Estados Unidos ofrece esta sencilla[1] información para ayudarte a escoger[2] la comida que te nutre y te mantiene saludable. Esta información se llama "la pirámide de la comida".

La base de la pirámide contiene el grupo del pan, los cereales, el arroz y las pastas. Estas comidas son básicas para tener buena alimentación y se recomienda tomar entre seis y once raciones al día.

Después sigue el importante grupo de las frutas y las verduras. Debemos comer entre dos y cuatro raciones de frutas, y entre tres y cinco raciones de verduras cada día.

Los productos lácteos[3] (como la leche, el queso y el yogur) y la comida que contiene proteínas (como la carne, las aves, el pescado, las legumbres, los huevos y los frutos secos) forman el siguiente nivel de la pirámide. Necesitamos de dos a tres raciones diarias de productos lácteos y de comida que contiene proteínas.

Arriba de todo están las grasas[4], los aceites[5] y los dulces. Aunque nos gusta su sabor, estas comidas tienen muchas calorías y poco valor nutritivo. Eso significa que debemos comerlas en cantidades pequeñas.

Acuérdate de estas dos cosas importantes:

1. Debes hacer ejercicio para mantenerte saludable.

2. Es importante que comas un poco de cada cosa, sobre todo vegetales y carne.

Así tendrás la cantidad de vitaminas, minerales y carbohidratos necesarios. Y si te gustan las papitas fritas, ¡no te preocupes! Puedes comerlas con moderación.

[1] simple   [4] fats
[2] to choose   [5] oils
[3] milk products

¿COMPRENDISTE TÚ?

En una hoja de papel, contesta las siguientes preguntas basadas en la uno de encuesta a los jóvenes. Decide si es Lorena, Bernardo, Pilar, Mónica o los estudiantes del Colegio Miraflores. Presta atención porque ciertas preguntas tienen más de una respuesta.

1. ¿Quién mantiene el peso correcto?
2. ¿Quién come tres comidas generalmente?
3. ¿Quién come pizza fría en el desayuno?
4. ¿Quién tiene el vicio del helado?
5. ¿A quién le gustan los postres?

Imagina que quieres mantenerte con buena salud. Indica con una marca (X) si las frases siguientes son buenos consejos *(advice)* para mantener el peso correcto.

___1. Debes comer alimentos variados.
___2 Debes comer muchos dulces o chocolate.
___3. Debes beber mucha agua.
___4. Debes hacer poco ejercicio.
___5. Debes desayunar todos los días.

Actividad

Completa cada frase con la palabra apropiada.

1. Es bueno comer tres … al día.
   a. bananas   b. comidas   c. desayunos
2. Los expertos recomiendan comer todo con…
   a. moderación   b. rapidez   c. exageración
3. No es bueno comer demasiados…
   a. cereales   b. dulces   c. vegetales
4. Montar en bicicleta es un buen…
   a. ejercicio   b. instrumento   c. almuerzo
5. Ser … es muy importante.
   a. delgado(a)   b. gordo(a)   c. saludable

¡Aprendamos más!

Expresiones con *tener*

tener hambre	*to be hungry*	Al mediodía, siempre **tengo hambre.**
tener sed	*to be thirsty*	Después de hacer ejercicio, **tenemos sed.**
tener razón	*to be right*	Mis padres **tienen razón** cuando me dicen que es importante evitar los dulces.
tener éxito	*to be successful*	Luis **tiene éxito** con su dieta.

Comidas

el desayuno	*breakfast*	Mucha gente come cereal con leche en **el desayuno.**
el almuerzo	*lunch*	En Argentina, **el almuerzo** es una comida fuerte.
la merienda	*snack*	La leche con galletas es una buena **merienda.**
la cena	*dinner*	En mi casa, **la cena** es a las ocho de la noche.

Para conservar la línea hay que tener en cuenta el peso *(weight)* **y la estatura** *(height).*

¿Cuánto **pesas?** *(How much do you weight?)*
Yo **peso** 110 libras *(pounds).*

¿Cuánto **mides?** *(How tall are you?)*
Yo **mido** 5 pies *(feet)* y 4 pulgadas *(inches).*

La dieta:

estar a dieta	*to be on a diet*	Laura siempre **está a dieta.**
adelgazar	*to lose weight*	Estoy gorda, necesito **adelgazar.**
engordar	*to gain weight*	Como poco porque no quiero **engordar.**
mantener el peso	*to maintain one's weight*	Quiero **mantener el peso** correcto.

Actividad **2**

Selecciona la mejor respuesta para cada uno:

1. Juan va a jugar al fútbol americano y necesita subir cinco libras.

    a. Él tiene que adelgazar.

    b. Él tiene que engordar.

2. ¿Qué te parece si sirvo cereal con leche, fruta y pan tostado?

    a. Me parece que es suficiente para el desayuno.

    b. Me parece ideal para el almuerzo.

3. Pedro, ¿cuánto pesas?

    a. Más o menos 150 libras.

    b. Unos seis pies.

4. Quiero mantener mi peso pero siempre tengo hambre.

    a. Necesitas comer postres.

    b. Come una fruta entre comidas.

Actividad **3**

Escribe un ensayo para comparar tu alimentación con la de los jóvenes de la encuesta. ¿Quién come de manera más saludable? En tu conclusión presenta unas ideas sobre cómo puedes mejorar tu alimentación.

¿Cuándo dices...?

¿QUÉ SABES TÚ?

Contesta las siguientes preguntas:

1. ¿Tienes una patineta o unos patines en línea?
2. ¿Qué medidas de seguridad debes de usar cuando estás patinando?
3. ¿Son populares la patineta y los patines en línea donde tú vives?

¡A VISTA DE PÁJARO!

Mira rápidamente la lectura. ¿De qué se trata?

1. La patineta en Madrid
2. El equipo *(equipment)* de patinaje
3. El precio de los patines
4. La historia de los patines en línea

La patineta y

De vez en cuando[1] aparecen deportes nuevos. El patinar con patineta o con los patines en línea está de moda[2] en los Estados Unidos. También está de moda en el mundo hispano. Se dice que la patineta es la tabla hawaiana[3] del cemento. En España y en muchos países hispanos, la práctica de la patineta es la diversión favorita de los jóvenes.

Cuando hace buen tiempo, se puede ver a muchachos practicando con su patineta en las aceras[4] de la ciudad y en las calles de poco tráfico. Esto es un poco peligroso para los peatones[5] y para los patinadores. Por eso, en Madrid ya hay pistas[6] de patineta en los parques de la ciudad. Las pistas son rampas de cemento en forma de U donde muchos jóvenes van a practicar con la patineta diariamente.

El equipo básico para los patinadores

La patineta es una tabla con ruedas[7]. La tabla es de plástico fuerte y tiene protectores contra[8] los golpes[9].

[1] Now and then
[2] in fashion
[3] surfboard
[4] sidewalks
[5] pedestrians
[6] tracks
[7] wheels
[8] against
[9] blows

los patines en línea

casco

codera

Es importante notar que la patineta debe ser de buena calidad, con ruedas fuertes para poder patinar con menos accidentes. El patinador experto hace giros[1] en el aire a mucha velocidad y mantiene el equilibrio.

El patinador debe usar zapatos. Lo ideal son botas altas[2] para protegerse los tobillos[3]. Los zapatos con suela[4] de goma o caucho[5] ayudan a mantener el equilibrio.

El casco protector es necesario para protegerse la cabeza. En accidentes de patinaje, el patinador sale disparado[6] como una bola de cañón en el aire. ¡El patinador siempre debe usar el casco protector!

El precio de este deporte

Patinar en patineta es un deporte de velocidad y equilibrio. ¿Es un deporte caro? Depende. El patinador puede gastar mucho cuando compra un equipo de calidad. Este deporte tiene sus riesgos y la protección física tiene su precio.

La construcción de una pista es cara. En muchas ciudades hispanoamericanas ya existen pistas de patineta privadas. Pero no hay pistas públicas.

patineta

[1] twirls   [3] ankles   [5] rubber

[2] hightops   [4] sole   [6] is ejected

guante

rodillera

patines
en línea

La patineta en los Estados Unidos

En los Estados Unidos patinar en patineta es un deporte serio. La Asociación Nacional de Patineta o *National Skateboard Association* (NSA) tiene muchos miembros que son patinadores profesionales. El ganador de una competencia de patineta gana dinero y fama. Los campeones norteamericanos endorsan una compañía de patinetas y ponen su firma[1] a las tablas de patineta para ganar dinero.

Los patines en línea

Los patines en línea (también conocidos como *Rollerblades*®) ya están de moda en muchas ciudades hispanas. Los jóvenes se pasean por los parques y las calles en su nuevo tipo de patines. Son un verdadero medio de transporte. Los patines en línea son de tres, cuatro o cinco ruedas en hilera[2], inventados por un joven jugador de hockey sobre hielo[3]. Por eso, se parecen a los patines de hockey pero con ruedas.

Con los patines en línea el patinador necesita rodilleras para proteger las rodillas[4] y coderas para proteger los codos[5]. Los guantes especiales son necesarios para proteger las muñecas[6] y las manos. ¡Es mejor evitar una fractura en caso de accidente!

Estos nuevos patines son muy rápidos. A los jóvenes les gusta divertirse al aire libre. También hay muchos adultos que usan los patines en línea. Recuerda que no tienes que patinar a velocidades peligrosas para divertirte.

¿Y los patines tradicionales de cuatro ruedas? Bueno, todavía se usan. Son muy divertidos. Pero si quieres estar de moda, debes usar los patines en línea. Simplemente, ¡ten cuidado!

[1] signature
[2] line
[3] ice
[4] knees
[5] elbows
[6] wrists

¿COMPRENDISTE TÚ?

Lee con cuidado las siguientes frases. Di si son **ciertas** o **falsas**.
Si son falsas, explica el porqué.

	CIERTO	FALSO
1. Patinar en patineta y en los patines en línea es algo relativamente nuevo.	❏	❏
2. Usar la patineta y los patines en línea requiere equilibrio.	❏	❏
3. Ambos deportes se pueden practicar en las calles de la ciudad.	❏	❏
4. Ambos son deportes que no presentan peligro.	❏	❏
5. En Madrid, los patinadores solamente pueden patinar en las aceras de las calles.	❏	❏
6. Las pistas de patineta son unas rampas en forma de U.	❏	❏
7. Las ruedas de la patineta deben ser de buena calidad.	❏	❏
8. Los patinadores deben usar equipos de protección.	❏	❏
9. El casco protector protege las rodillas.	❏	❏
10. Los patines en línea tienen las ruedas en hilera.	❏	❏
11. Se dice que los patines en línea son similares a los patines de hockey.	❏	❏
12. Cada patín tiene diez ruedas.	❏	❏
13. Los equipos de protección para estos dos deportes son muy similares.	❏	❏
14. Solamente la gente joven usa los patines en línea.	❏	❏

Lee estas frases sobre la patineta y los patines en línea y di si estás de acuerdo. Explica tus respuestas.

1. Usar la patineta o los patines en línea es muy peligroso.

2. Solamente la gente joven debe practicar estos deportes.

3. Usar patines en línea es mejor que caminar.

4. El patinar con patineta o con patines en línea es el deporte más divertido.

Actividad 1

Tus padrinos *(godparents)* te van a dar dinero para tu cumpleaños. Tú piensas usarlo para comprarte una patineta o un par de patines en línea. Tú tienes que decidir qué quieres. Contesta estas preguntas para ayudarte con tu decisión.

1. ¿Cuál quieres?
2. ¿Por qué lo quieres?
3. ¿Cuánto cuesta una patineta?
4. ¿Cuánto cuesta un par de patines en línea?
5. ¿Cuánto cuestan los accesorios?
6. ¿Dónde puedes practicar?
7. ¿Cuál prefieres comprar?

Actividad 2

Di las cosas que usas para protegerte de accidentes. Compara tu lista con la lista de un(a) compañero(a) de clase.

Para protegerme…

1. las muñecas, llevo ——————
2. la cabeza, uso ——————
3. las rodillas, me pongo ——————
4. los tobillos, uso ——————
5. los codos, me pongo ——————
6. las manos, llevo ——————

Actividad 3

Empareja cada palabra de la derecha con su significado.

1. persona que camina en la calle   a. pista
2. rampa de cemento   b. endorsar
3. tabla hawaiana del cemento   c. peatón
4. parte del zapato   d. suela
5. escribir su nombre   e. firmar
6. manera de ganar dinero   f. patineta

¡ADIVINEMOS!

En español muchos adjetivos que terminan en **-oso(a)** corresponden a los adjetivos en inglés que terminan en ***-ous.*** Por ejemplo:

estudioso(a) = *studious*

Carlos es un chico muy **estudioso**.
Su hermana también es **estudiosa**.

Algunos adjetivos que terminan en **-oso(a)** no tienen cognados en inglés:

bondadoso(a) = *kind*
cariñoso(a)   = *affectionate*
hermoso(a)   = *beautiful*
perezoso(a)   = *lazy*
vanidoso(a)   = *vain*

Actividad 4

Ahora adivina los cognados en inglés de las siguientes palabras.

1. ambicioso(a)
2. curioso(a)
3. famoso(a)
4. generoso(a)
5. precioso(a)
6. supersticioso(a)

Actividad 5 **Completa las frases siguientes con los adjetivos que terminan en -oso(a).**

1. El hijo de presidente de la compañía es muy…
2. La señora Pérez es muy … con sus amigas.
3. Sting es un cantante muy…
4. ¿Por qué Isabel es tan…?
5. ¡Qué toro más…!
6. El brazalete de Yolanda es…

¿Cuándo dices…?

¿Qué sabes tú?

Considera lo siguiente:

1 Piensa en los efectos de la contaminación del medio ambiente *(environment)*.

¿Te gusta el aire puro?

¿Aprecias el agua limpia?

2 Piensa en el lugar donde tú vives.

¿Cómo reciclan el vidrio, *(glass)* el plástico y los periódicos?

¿Dónde está el basurero *(dumpster)* municipal?

¡A vista de pájaro!

Mira la lectura rápidamente y contesta las siguientes preguntas:

1 ¿Cuántos jóvenes hablan sobre el medio ambiente?

2 ¿En qué ciudades hispanas viven?

Nuestro gobierno está muy preocupado[1] con el problema de la contaminación del aire porque puede ser algo grave. Siempre están buscando soluciones nuevas al problema. Lee estas postales donde seis jóvenes describen lo que hacen sus países para reducir la contaminación.

Una rana del bosque tropical, Costa Rica

Costa Rica

Estimado señor:
En Costa Rica necesitamos conservar la selva[2] tropical. Nuestra campaña verde es muy simple. No debemos cortar árboles sin remplazarlos[3]. Necesitamos mantener el país verde. Los árboles ayudan a mantener el aire puro.

Yvette Montés
San José, Costa Rica

Señor Carlos Vega
Asociación ecológica
San José, Costa Rica

CORREO
PLAYAS DE MANUEL A
AÑO DEL TURISMO DE LAS AME

[1] concerned   [3] replacing them
[2] forest

¡LA ECOLOGÍA EMPIEZA EN CASA!

Quito, Ecuador —Un tesoro colonial

A quien pueda interesar:
   La contaminación del aire es un problema de todos. El plomo[1] de la gasolina afecta el medio ambiente. Ahora tenemos una campaña para usar gasolina sin plomo. Todos queremos respirar aire puro.

Laura Macías
Quito, Ecuador

[1] lead

Paseo de la Reforma al anochecer, Ciudad de México

Estimados señores:

Para reducir el problema de la contaminación, hay que disminuir[1] el tráfico. Los carros llevan calcomanías[2] de ciertos colores que indican el día que no pueden transitar[3] por la ciudad. ¡Menos coches, menos contaminación! ¡Un día por semana no es un sacrificio para tener aire puro!

Ana María Suárez
México, D.F., México

A quien pueda interesar:

El gobierno organizó una campaña de plantar árboles para reducir la contaminación. Cada familia recibió un árbol para plantarlo enfrente de su casa. El aire de la capital está muy contaminado. Un millón de árboles más van a ayudar a limpiar el aire de la ciudad.

Luisa Landívar
México, D. F., México

ARTE Y CIENCIA
DE MEXICO

AEREO   80¢

Para mejorar el aire tenemos una campaña en acción. Los trabajadores van al trabajo a los ocho y los estudiantes van a sus escuelas a las diez. De esta manera el metro tiene espacio para más gente. Si usamos el metro, vamos a reducir el tráfico diario[4] de automóviles y autobuses y a reducir el monóxido de carbono.

Ángel Paredes
México, D.F., México

ARTE Y CIEN
DE MEXICO

AEREO

Sociedad protectora
del ambiente
Ciudad de México

[1] lessen   [3] drive
[2] stickers   [4] daily

LECTURA 8

¡La ecología empieza en casa!

Santiago, Chile, con los Andes al fondo

A quien corresponda:

　　Aquí en la capital, la contaminación del aire es un problema. Por eso, el gobierno da multas[1] grandes a los carros y autobuses que emiten demasiado[2] monóxido de carbono. Ahora también tenemos muchas "brigadas verdes" por todo el país. Las "brigadas" son los grupos de voluntarios que apoyan[3] el interés en cuidar árboles y plantas en lugares públicos.

Roberto Marini
Santiago, Chile

Environmental Protection Agency
401 M Street SW
Washington, DC 20460

[1] fines　　[3] support
[2] too much

¿COMPRENDISTE TÚ?

Adivina *(Guess)* quién habla. ¿Es Luisa, Ángel, Ana María, Yvette, Laura o Roberto? Da el nombre de la persona que diría *(would say)* cada oración.

1. Voy a plantar un árbol enfrente de mi casa. Es _____.

2. Es mejor ir al colegio en metro. Es _____.

3. Queremos mantener la selva tropical. Es _____.

4. Siempre hay que usar gasolina sin plomo en mi coche. Es _____.

5. La brigada verde combate la contaminación de mi ciudad. Es _____.

6. Necesitamos un millón de árboles. Es _____.

7. Los trabajadores van al trabajo a las ocho. Es _____.

8. Hay calcomanías de colores que indican los días que los carros no pueden transitar. Es _____.

¡A VER!

Indica si estás de acuerdo o no con cada una de estas frases. Si quieres, añádele a cada frase una solución más específica que a ti te gustaría *(would like)* implementar.

1. Para reducir el tráfico es necesario crear más transportación pública y poner un límite en el número de carros que cada familia puede tener.

2. Es necesario reducir el tamaño *(size)* de las ciudades. Se debe crear ciudades nuevas en partes del país que no están pobladas. Hay que poner límites en el número de habitantes que cada ciudad puede tener.

3. Para disminuir la cantidad de basura, la gente debe usar menos envolturas *(packaging)* y ser más responsable de mantener la ciudad limpia. El gobierno debe crear basureros con tecnología avanzada para reciclar la basura.

¡La ecología empieza en casa!

¡Aprendamos más!

El reciclaje

El reciclaje es un movimiento ecológico de las comunidades para proteger el medio ambiente. Hay mucha basura y no hay muchos lugares donde enterrarla *(bury it)*. Además, las fuentes *(sources)* naturales de materiales no son inagotables *(endless).* Es necesario reusar los materiales para disminuir la basura.

¿DE QUÉ ESTÁN HECHOS…?	ESTÁN HECHOS DE…
las botellas de refrescos	plástico
las cajas de huevos	cartón
las revistas viejas	papel
los periódicos	papel
las bolsas de compras	papel
las latas de refrescos	aluminio
los envases de mermelada	vidrio *(glass)*
los cuchillos	metal

Actividad 1

El reciclaje semanal. Pon la basura en los recipientes apropiados. Anota el recipiente en que pondrías *(you would put)* **cada cosa.**

BASURA	RECIPIENTE
1. los periódicos de la semana pasada	_____
2. las botellas de refrescos	_____
3. las latas de té	_____
4. unos clavos *(nails)*	_____
5. unos platos desechables	_____
6. la bolsa del supermercado	_____
7. las revistas	_____
8. los cartones de jugo de naranja	_____
9. los catálogos de las tiendas	_____
10. los envases de mayonesa, mermelada, etc.	_____

Actividad 2

Hazles estas preguntas a tres compañeros. Prepara los resultados de tu encuesta y comparte los resultados con el resto de la clase.

1. ¿Cómo reciclas la basura? Explica tu respuesta.
2. ¿Cómo conservas la electricidad?
3. ¿Siembras árboles o plantas? ¿Dónde?
4. ¿Cómo conservas el agua en tu casa y en el colegio?
5. ¿Compras muchas cosas que se venden con envolturas? Da ejemplos.

¡ADIVINEMOS!

En español, muchas palabras que terminan con **-ismo** son cognados de palabras en inglés que terminan con ***-ism.*** Por ejemplo:

patriotismo = *patriotism*

El **patriotismo** es el amor que sienten las personas por su país.

En español, muchas palabras que terminan con **-ista** son cognados de palabras en inglés que terminan con ***-ist.*** Por ejemplo:

dentista = *dentist*

Me duele un diente. Tengo que ir al **dentista.**

Actividad 3 **Adivina los cognados en inglés de las siguientes palabras.**

dinamismo   guitarrista   mexicanismos   optimista

Actividad 4 **Completa con la palabra apropiada de la Actividad 3.**

1. Segovia fue un … famoso de música clásica.
2. Piensa que va a ganar la lotería. Es muy…
3. La profesora de historia da la clase con mucho…
4. Los escritores mexicanos usan muchos…

¿Cuándo dices…?

¿Qué sabes tú?

Contesta las siguientes preguntas:

1. ¿Sabes jugar al béisbol? ¿Conoces las reglas de este deporte?

2. ¿Sabes el nombre de un jugador de béisbol hispano? ¿Cuál?

3. ¿Sabes de qué país es ese jugador?

4. ¿Cuándo empieza la temporada de béisbol? ¿Cuándo termina?

¡A vista de pájaro!

Mira rápidamente la lectura y escribe una lista de los temas principales.

El deporte más popular del mundo hispano e el fútbol, pero el béisbol también es muy popular especialmente en los países del Caribe.

Si viajas por Puerto Rico, la República Dominicana México, Panamá o Venezuela puedes ver muchos diamantes. Así se llaman los campos de béisbol. No te sorprendas. ¡A los hispanos también les encanta este deporte con nueve jugadores en cada equipo!

El béisbol se originó en 1839 en Cooperstown, Nueva York. La primera Liga Nacional se formó en 1876 y su rival, la Liga Americana, se formó en 1900.

No se sabe exactamente cómo este juego se extendió[1] a España y a los países latinoamericanos, pero en 1943 se fundó[2] la Federación Española de Béisbol en Madrid. Actualmente, México ya tiene tres ligas de béisbol: La Liga Mexicana, La Liga Central y la Liga del Sureste. Y también hay muchos clubes de béisbol en los países hispanos del Caribe.

Hay dos ligas profesionales en los Estados Unidos y entre los equipos más famosos están Los Tigres, Los Rojos, Los Rancheros, Los Dodgers, Los Medias Rojas, Los Yanquis, Los Medias Blancas, Los Cachorros, Los Marineros y Los Indios.

Hay muchos jugadores latinos en estos equipos. Entre los más notables están el mexicano zurdo

[1] spread
[2] was founded
[3] left-handed

Y ahora, ¡béisbol!

Fernando Valenzuela, el dominicano diestro[1] José Rijo (quien recibió el honor más valioso[2] de la Serie Mundial y que además es yerno[3] del famoso lanzador Juan Marichal) y el buen jardinero corto venezolano Ozzie Guillén, quien fue seleccionado como Guante Dorado[4].

En 1992, este deporte se convirtió en un deporte olímpico. Como es una disciplina donde se lucen[5] los latinos, es uno de los deportes favoritos de las comunidades hispanas.

¿Por qué es tan popular? Porque es un deporte de equipo donde también el individuo puede lucirse. Para muchos jóvenes el béisbol ofrece una buena oportunidad de triunfar individualmente. Para los aficionados, el béisbol requiere mucha habilidad.

Si tú quieres divertirte y practicar este lindo deporte, solamente necesitas tu bate, tu guante y tu pelota. ¡A lanzar!

Roberto Clemente

[1] right-handed
[2] valuable
[3] son-in-law
[4] Golden Glove
[5] excel

Dos jugadores famosos

JOSÉ RIJO

Los Rojos de Cincinnati
lanzador

Batea:	Derecha
Lanza:	Derecha
Peso:	215 lbs.
Altura:	6' 3"
Nació:	13/5/65
Localidad:	San Cristóbal, República Dominicana

José Antonio Rijo empezó con los Yanquis de Nueva York cuando tenía dieciocho años. Jugó durante tres temporadas con Oakland, antes de empezar con Los Rojos. En 1990, recibió el premio al jugador más valioso de la Serie Mundial cuando lanzó con éxito en dos de los cuatro juegos.

OZZIE GUILLÉN

Los Medias Blancas de Chicago
jardinero corto

Batea:	Izquierda
Lanza:	Derecha
Peso:	164 lbs.
Altura:	5' 11"
Nació:	20/1/64
Localidad:	Caracas, Venezuela

Oswaldo Guillén empezó con los Padres de San Diego en 1980. Con Los Medias Blancas ha tenido mucho éxito. Es uno de los líderes principales que tuvieron Los Medias Blancas, en juegos, en episodios y en "hits". Participó en más de 1.400 partidos y fue el novato del año 1985 según la *Baseball Association of America*.

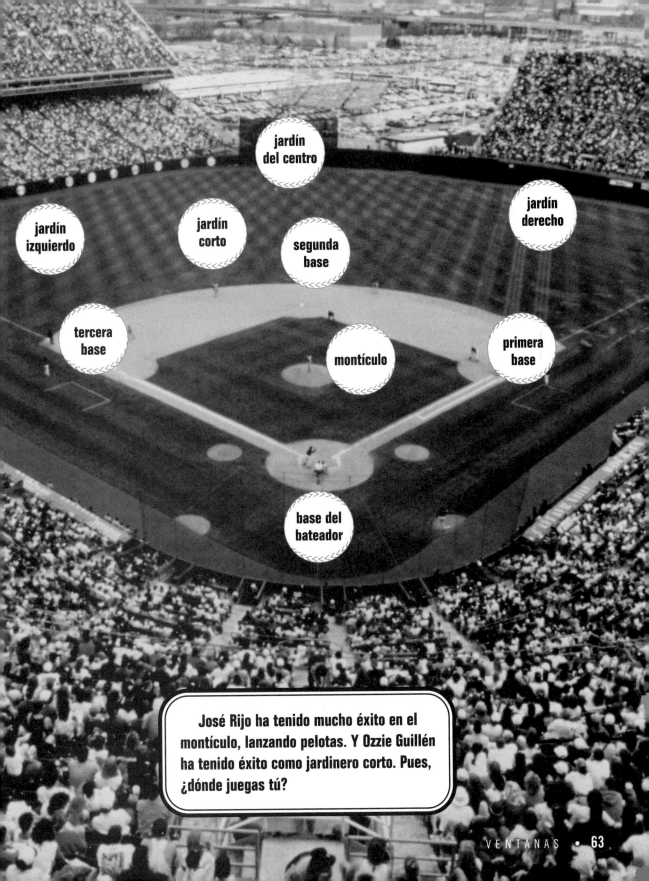

jardín del centro

jardín derecho

jardín izquierdo

jardín corto

segunda base

tercera base

montículo

primera base

base del bateador

José Rijo ha tenido mucho éxito en el montículo, lanzando pelotas. Y Ozzie Guillén ha tenido éxito como jardinero corto. Pues, ¿dónde juegas tú?

¿COMPRENDISTE TÚ?

Un oficial de la marina *(Navy)* fue el autor de la primera reglamentación *(rule book)* de béisbol. Para saber el apellido del oficial, completa las siguientes frases y pasa las letras encuadradas al espacio de abajo.

1. El campo de béisbol se llama ☐ __ __ __ __ __ __ .

2. Se originó en la ciudad de __ ☐ __ __ __ __ __ __ __ .

3. En un partido de béisbol juegan __ ☐ __ __ __ jugadores por equipo.

4. El bateador tiene su propio ☐ __ __ __ .

5. En los Estados Unidos hay dos ☐ __ __ __ __ profesionales de béisbol.

6. Para recibir la pelota, el receptor necesita un __ __ __ __ __ ☐ .

7. En España, la Federación Nacional de Béisbol está localizada
   en __ __ ☐ __ __ __ .

8. Muchos beisbolistas hispanos son de origen __ __ __ __ ☐ __ __ .

9. Los ☐ __ __ __ __ __ __ fue el primer equipo de José Rijo.

1 2 3 4 5 6 7 8 9

Di si estás de acuerdo o no con las siguientes frases. Explica tu opinión en una hoja de papel.

1. La Serie Mundial de béisbol es más importante que la Copa Mundial de fútbol.
2. El béisbol, el fútbol americano y el basquetbol tienen elementos en común.
3. Es mejor mirar el juego de béisbol por televisión que asistir a un partido.
4. Los jugadores de béisbol reciben demasiado dinero por el trabajo que hacen.

Actividad

Escribe los nombres de las ciudades o estados de estos equipos de béisbol. Si no estás seguro(a), pregúntale a un(a) amigo(a) o busca la información en el periódico o en una revista.

Equipo	Ciudad o estado	Equipo	Ciudad o estado
1. Los Tigres	_____	5. Los Reales	_____
2. Los Yanquis	_____	6. Los Mellizos	_____
3. Los Indios	_____	7. Los Medias Blancas	_____
4. Los Medias Rojas	_____	8. Los Marineros	_____

Vocabulario del béisbol

Para disfrutar un juego de béisbol es necesario saber las reglas. Los jugadores usan varias técnicas. Lee e infórmate sobre este juego popular.

Los jugadores

el lanzador	*pitcher*
el receptor	*catcher*
el jugador de primera base	*first baseman*
el jugador de segunda base	*second baseman*
el jardinero corto	*shortstop*
el jugador de tercera base	*third baseman*
el jardinero derecho	*right fielder*
el jardinero del centro	*center fielder*
el jardinero izquierdo	*left fielder*

El puntaje *(Scoring)*

la primera base	*single*
la segunda base	*double*
la tercera base	*triple*
un jonrón	*home run*
un punto	*run*
un punto extra	*run batted in*

La técnica del lanzador y de la defensa

una pelota	*ball*
una pelota pasada	*strike*
una pelota rápida	*fast ball*

La técnica del bateador

un batazo	*hit*
una pelota en base	*base on balls*
un mal pelotazo	*foul ball*

Actividad 2

Con un(a) compañero(a), prepara un diálogo entre un jugador de béisbol y el presidente del club que quiere contratarlo *(hire him)*. Cada uno debe poner las condiciones necesarias: horarios, sueldo, posición en el equipo y estrategias. Luego, presenten su diálogo a la clase.

¡ADIVINEMOS!

En español, muchas palabras que terminan con **-ancia** son cognados de palabras en inglés que terminan con **-ance.** Por ejemplo:

distancia = *distance*
Hay 3.000 millas de **distancia** entre Nueva York y California.

Muchas palabras que terminan con **-encia** son cognados de palabras en inglés que terminan con **-ence.** Por ejemplo:

independencia = *independence*
El Día de la **Independencia** de los Estados Unidos es el 4 de julio.

Actividad 3

En otra hoja de papel, escribe los cognados en inglés de las siguientes palabras.

1. abundancia
2. confidencia
3. prudencia
4. elegancia
5. esencia

6. importancia
7. paciencia
8. presencia
9. permanencia
10. referencia

Actividad 4 — **Completa las siguientes frases con la palabra apropiada.**

1. Rosaura es una profesora excelente porque tiene mucha…

   a. paciencia   b. presencia

2. Necesito una … para obtener el empleo.

   a. importancia   b. referencia

3. En el mundo de la moda, la … es muy importante.

   a. elegancia   b. confidencia

4. El Día de Acción de Gracias *(Thanksgiving)* se celebra con … de comida.

   a. abundancia   b. prudencia

5. Para graduarte de la universidad necesitas estudiar con mucha…

   a. constancia   b. esencia

¿Cuándo dices…?

¿QUÉ SABES TÚ?

Haz una lista de una fruta o un vegetal por cada letra del abecedario. Usa el diccionario o una enciclopedia como ayuda.

¡A VISTA DE PÁJARO!

Ahora mira rápidamente la lectura para ver si menciona las frutas y vegetales que están en tu lista.

Frutas y vegetales de A a Z

Seguramente, cada vez que vas al supermercado ves frutas y vegetales que no conoces. Estos alimentos tienen un gran valor nutritivo. Muchos vienen de países hispanos porque éstos tienen climas tropicales que ayudan al crecimiento de una gran variedad de frutas y vegetales.

Según los científicos, hay más de 80.000 tipos de frutas y vegetales comestibles. Lee lo siguiente para ver la cantidad de comestibles que no has probado. A ver, ¿cuáles quieres probar?

Ananá Esta fruta tropical también se conoce como piña. Se originó[1] en Paraguay. Los españoles, cuando vinieron[2] a América, distribuyeron[3] el ananá por todas las Américas.

Banana Es la fruta tropical más popular. En algunos países se llama plátano. En la antigüedad, era la fruta preferida de los sabios de la India. Un sacerdote español la trajo[4] de Asia a América.

Chirimoya Es una fruta verde por fuera y blanca por dentro. Tiene el sabor de un flan cremoso. Se encuentra en España, Sudamérica y California.

Fresa En el siglo XIII era simplemente una planta de Francia. Ahora hay una gran variedad de tipos, ¡todos deliciosos! Se utiliza para hacer mermeladas y postres. Si alguien te ofrece una frutilla, ¡no te confundas! Frutilla es otra palabra para fresa.

[1] It originated   [3] distributed
[2] they came   [4] brought it

Kiwi Proviene de China y, a pesar de ser una fruta exótica, es muy popular en Latinoamérica. Su piel es vellosa[1] y su pulpa es verde. Es muy sabroso y refrescante. ¡Ideal para el verano!

Limón Esta fruta es del grupo cítrico: número tres en producción. Aunque su jugo es ácido y amargo, la gente lo consume mucho, especialmente en bebidas como la limonada. Se produce en climas calientes y el 75% de su producción en los Estados Unidos está en el estado de California.

Mango Es una fruta oval y aromática llena de vitaminas y de muchos colores diferentes. El mango es de origen indio y se produce en países de climas topicales como México, Puerto Rico y Cuba.

Oca Se cosecha la oca en la Cordillera de los Andes, en Sudamérica. Es una importante fuente de alimentación y se guisa[2] como la papa.

Quinoto Es una fruta cítrica muy pequeña, de color anaranjado y jugo agridulce.

Rábano Es un vegetal pequeño, rojo y blanco. Se usa en ensaladas y es un poco picante[3].

Tamarindo Tiene forma de haba[4], de sabor dulce y amargo a la vez. Es el ingrediente secreto de la salsa Worcestershire.

Yuca Este vegetal tiene forma rara; su tallo tiene muchas cicatrices[5]. Se usa para hacer guisos.

Zanahoria Es un vegetal anajarado. Se puede comer guisado o en ensaladas. Es la comida favorita de los conejos.

[1] hairy
[2] it is cooked
[3] spicy
[4] bean
[5] marks

¿COMPRENDISTE TÚ?

Según lo que leíste, completa las frases siguientes:

1. Las frutas y vegetales tienen un valor nutritivo…

   a. bajo   b. medio   c. alto

2. La … es una fruta que es verde por fuera y blanca por dentro.

   a. yuca   b. chirimoya   c. fresa

3. La fresa se usa para hacer…

   a. sopa   b. mermelada   c. guisos

4. La … se guisa como la papa de los Andes.

   a. banana   b. frutilla   c. oca

5. Los … ayudaron a distribuir varias frutas y vegetales por las Américas.

   a. irlandeses   b. americanos   c. españoles

¡A VER!

Di si estás de acuerdo o no con las siguientes frases. Explica tu opinión.

1. Es necesario descubrir la utilidad de muchas plantas.

2. Es importante probar nuevas frutas que son ricas en vitaminas.

3. La variedad de frutas y vegetales aumenta la posibilidad de una alimentación más sana.

4. Los jugos naturales son más saludables que los jugos envasados.

Actividad

Contesta las siguientes preguntas con un(a) compañero(a).

1. ¿Los vegetales son más o menos importantes que la carne? ¿Por qué?

2. ¿Es una buena idea traer frutas tropicales de países hispanos?

3. ¿Es mejor comprar en supermercados o en mercados al aire libre?

4. ¿Crees que se pueden cosechar frutas tropicales en todos los Estados Unidos? ¿Por qué?

¡Aprendamos más!

Comprando comida...

Hay distintos lugares donde puedes comprar comida:

En un supermercado puedes comprar:

- frutas y vegetales — *fruits and vegetables*
- comidas congeladas — *frozen foods*
- embutidos — *cold cuts*
- carnes — *meat*
- galletas — *cookies*

En un mercado al aire libre puedes encontrar:

- los puestos *(stands)* de frutas, de vegetales, de carnes
- los vendedores, que anuncian en voz alta sus mercaderías

En unas tiendas encuentras mercadería específica:

- la panadería — (el pan y las galletas)
- la carnicería — (la carne)
- la frutería — (la fruta)
- la verdulería — (los vegetales)

Unas medidas importantes:

Una libra = 16 onzas

Una libra = 460 gramos

Un kilogramo = 2,2 libras

Un galón = 4 litros

Actividad 2

Lee cada situación con un(a) compañero(a) y decidan juntos adónde van de compras las siguientes personas. Recuerden que no tienen un supermercado cerca.

Carmen

Quiero comprar productos muy frescos. Me gusta ir allí porque los vendedores ofrecen sus productos y los precios son muy razonables.

Arturo

Necesito comprar pan para el desayuno y para la cena. ¿Cuál me gusta más? El pan italiano, ¡por supuesto!

María del Pilar

Tengo que comprar dos kilogramos de bistec *(steak)* porque tenemos invitados muy importantes.

Bernardo

Vamos a comprar lechuga para hacer una rica ensalada.

Actividad 3

Haz una encuesta entre tus compañeros. Luego, presenta los resultados a la clase.

1. ¿Cuántos supermercados hay en tu vecindario? ¿A qué hora cierran?

2. ¿En la panadería de tu vecindario venden pasteles de cumpleaños? ¿Qué dulces especiales venden para los días festivos?

3. ¿Hay un mercado al aire libre donde tú vives? ¿Está abierto todos los días o solamente un día por semana?

4. ¿Prefieres ir al supermercado o a las tiendas?

5. ¿En dónde encuentras precios más baratos?

¡ADIVINEMOS!

En español, muchas palabras que empiezan con **es** + CONSONANTE son cognados de palabras en inglés que empiezan con **s** + *CONSONANT.* Por ejemplo:

espléndido = *splendid*

El disco compacto del concierto es **espléndido**.

Actividad 4

Ahora adivina los cognados en inglés de las siguientes palabras y escríbelos en otra hoja de papel.

1. escena
2. espacio
3. espectáculo
4. estatua
5. estampida

6. estricto
7. estructuras
8. estupendo
9. estación
10. estadio

Actividad 5

Ahora completa las siguientes frases con las palabras apropiadas de la actividad anterior.

1. La … de la Libertad está en Nueva York.
2. El cine es un … muy interesante.
3. El idioma español tiene muchas … gramaticales.
4. La … del tren está muy cerca.
5. No hay … en el autobús.
6. La … del drama es muy complicada.
7. Un incendio en el campo puede causar una … de caballos.
8. El profesor de matemáticas es muy…
9. Vamos al … a ver el partido de fútbol.
10. El nuevo libro de ese autor es…

¿Cuándo dices…?

PASEANDO POR CARACAS

ANTES DE LEER...

¿QUÉ SABES TÚ?

Contesta las siguientes preguntas:

1. ¿En qué viajas generalmente para ir a la escuela? ¿Y los fines de semana?

2. ¿Qué tipo de transporte público existe en el lugar donde vives?

3. ¿Viajas en metro? ¿Hay metro en tu vecindario *(neighborhood)*?

4. ¿Sabes qué grandes ciudades de los Estados Unidos tienen metro?

¡A VISTA DE PÁJARO!

Mira rápidamente la lectura. ¿Cuáles son los temas principales?

1. El metro de una capital

2. El turismo en Venezuela

3. Los autobuses de Caracas

4. Las ventajas de un sistema de transporte público

SI TE GUSTA VISITAR las ciudades grandes y cosmopolitas, debes caminar o buscar un método de transporte conveniente. Es difícil andar en carro porque los pocos estacionamientos son muy caros. Lo mejor en este caso es usar el transporte público. ¡Y qué mejor que viajar en metro!

El primer metro de los Estados Unidos fue construido[1] en la ciudad de Nueva York. Otras ciudades, como San Francisco, Washington, Atlanta y Los Ángeles, tienen metros más recientes y mucho más modernos. La Ciudad de México, Caracas y Buenos Aires son ciudades hispanoamericanas que también tienen un sistema de metro.

Llegas a Caracas y quieres conocer toda la ciudad. ¿Cómo puedes visitarla? ¡En metro, por supuesto!

En Caracas la gente usa el metro con mucha frecuencia porque, además de ser uno de los sistemas de transporte más eficientes del mundo, ofrece un servicio rápido, seguro[2] y con asientos cómodos. Los venezolanos usan el metro para disminuir[3] el tráfico de vehículos en la ciudad y para reducir la contaminación del aire.

Los venezolanos están muy orgullosos[4] del metro de Caracas y por eso lo mantienen muy limpio y lo cuidan.

Frecuentemente se ofrecen espectáculos públicos en los pasillos, como un concierto de la orquesta sinfónica, un concierto de música popular o una exhibición de baile. Gracias a estos espectáculos los usuarios[5] se sienten más a gusto viajando en metro.

[1] built
[2] safe
[3] diminish
[4] proud
[5] metro riders

LOS BOLETOS

BOLETO SIMPLE

Sirve para viajar entre dos estaciones distintas. Tiene precios variados de acuerdo con la distancia que hay entre las estaciones que el usuario elige.

BOLETO MULTI 10

Es un boleto que vale para cuatro u ocho estaciones de acuerdo con el recorrrido que el usuario quiere hacer. ¡Así puedes ahorrar unos bolívares!

BOLETO INTEGRADO

Es el más completo. Porque con ese boleto puedes utilizar el metro y el metrobús. El metrobús es un autobús que llega a los lugares donde no llega el metro. ¡La combinación perfecta!

BOLETO MULTIABONO

Te permite recorrer todas las largas distancias sin límite de estaciones. ¡Para ahorrar tiempo y dinero!

BOLETO ESTUDIANTIL

Es el más económico. Es el boleto especial para los estudiantes. Tiene un descuento especial y puedes comprarlo si presentas tu tarjeta de estudiante.

También, en algunas estaciones, como Capitolio, Silencio, Chacaíto, Plaza Venezuela y Zoológico, se exhiben muchas obras de arte para deleitar[1] al público mientras esperan el próximo tren.

¿Cuánto cuesta tomar el metro? El metro ofrece una variedad de boletos de acuerdo con el recorrido y las necesidades de cada persona.

Los niños menores de cuatro años pueden viajar sin boleto pero tienen que viajar con sus padres o con una persona mayor.

¿Cuál es el secreto para mantener el metro limpio y eficiente? ¡Es muy simple! Hay que seguir las reglas.

[1] delight

LAS REGLAS DEL METRO

1. Los usuarios no deben pisar[1] la franja[2] amarilla que está en el borde de la plataforma como medida de seguridad.

2. Los usuarios deben esperar hasta que el tren pare[3] y abra sus puertas antes de subir.

3. Los niños deben ir de la mano de sus padres o de un adulto.

4. Los usuarios no deben tirar[4] basura en el suelo.

5. Los usuarios no deben escribir o garabatear[5] en las paredes ni en los asientos.

6. No se permite fumar[6].

7. No se permiten las mascotas.

Como ves, si viajas en el metro de Caracas debes comportarte[7] como un usuario modelo. Hay anuncios en muchas estaciones que dicen: "El metro forma parte de su futuro… ¡Cuídelo ahora y siempre!" El metro es el orgullo de los venezolanos y con mucha razón. ¡Ahora puedes recorrer Caracas muy rápidamente!

[1] step on
[2] border
[3] stops
[4] throw
[5] to scribble
[6] smoking
[7] behave

El Metro le cambia su cara.

DEJE AQUÍ SU MALA CARA

Por qué tener mala cara si tenemos el mejor Metro del mundo.

M
LA GRAN SOLUCION PARA CARACAS

¿COMPRENDISTE TÚ?

Completa las siguientes frases sobre el metro de Caracas con las palabras correctas. Luego, búscalas en el buscapalabras de la página siguiente, pero ten en cuenta que pueden aparecer escritas de izquierda a derecha, de derecha a izquierda, de arriba hacia abajo o en diagonal.

1. La capital de Venezuela es...
   —— —— —— —— —— —— ——

2. El ... es un tipo de transporte público.
   —— —— —— —— —— ——

3. El uso del ... elimina el tráfico de vehículos.
   —— —— —— —— ——

4. Los asientos del metro son muy...
   —— —— —— —— —— —— ——

5. Hay ... en los pasillos de las estaciones.
   —— —— —— —— —— —— —— —— —— ——

6. El ... es una persona que usa el metro.
   —— —— —— —— —— —— ——

7. Una estación del metro de Caracas se llama...
   —— —— —— —— —— —— —— ——

8. Las obras de arte sirven para ... al público.
   —— —— —— —— —— —— ——

9. Un boleto ... sirve para viajar solamente entre dos estaciones.
   —— —— —— —— —— ——

10. Un boleto ... sirve para el metro y el metrobús.
    —— —— —— —— —— —— —— ——

11. Los usuarios deben cumplir las...
    —— —— —— —— —— —— ——

12. En el metro no se permite...
    —— —— —— —— ——

13. En las estaciones se exhiben obras de...
    —— —— —— ——

14. Los niños deben ir de la ... de sus padres.
    —— —— —— —— ——

15. No deben ... en las paredes.
    —— —— —— —— —— —— —— —— ——

Di si estás de acuerdo o no con las siguientes frases. Explica el porqué en una hoja de papel.

1. El metro es un transporte eficiente porque ayuda a mantener la contaminación del aire de la ciudad a un nivel bajo.

2. Los espectáculos públicos en las estaciones del metro pueden molestar *(annoy)* a los usuarios.

3. La gente debe cumplir las reglas del metro o de cualquier transporte público.

4. Da dos reglas que en tu opinión son muy importantes.

Actividad

Entre tres compañeros, decidan cuál es el medio de transporte ideal para llegar a tu colegio. Contesten las siguientes preguntas individualmente y luego tabulen *(tabulate)* sus respuestas. Informen los resultados al resto de la clase.

1. ¿Cómo viajas al colegio? ¿En autobús público, en el autobús del colegio, en metro, en coche, en bicicleta, a pie?

2. ¿Cuánto tiempo tardas? ¿Unos minutos, media hora, una hora?

3. ¿Qué transporte prefieres? ¿El coche, la bicicleta, un transporte público?

4. ¿Cuánto cuesta el transporte público en tu pueblo o ciudad? (la tarifa, el boleto, el boleto estudiantil, el pase mensual)

¡Aprendamos más!

Vocabulario de tránsito

El carril *(lane)*

¿Vas por el **carril** derecho?

No, voy por el **carril** izquierdo.

Las reglas de tránsito *(traffic laws)*

Si no obedeces **las reglas de tránsito**, la policía te puede multar *(give you a ticket)*.

El semáforo *(traffic light)*

luz roja	=	pare
luz amarilla	=	precaución
luz verde	=	pase

Las señales *(signs)* **de tránsito**

- **Pare** *(Stop)*
- **Ceda el paso** *(Yield)*
- **Prohibido girar a la izquierda** *(No left turn)*
- **Velocidad límite** *(Speed limit)*
- **Prohibido girar en U** *(No U turn)*

Unos consejos para el conductor

Siempre lleva contigo:

- **el carné de conducir** *(driver's license)*
- **las gafas de sol** *(sunglasses)*
- **dinero en efectivo** *(cash)*

Siempre ten en el coche:

- **una rueda de auxilio** *(spare tire)*
- **un gato** *(jack)*
- **unas herramientas** *(tools)*
    - **el destornillador** *(screwdriver)*
    - **los alicates** *(pliers)*
    - **la llave inglesa** *(wrench)*
- **una linterna de mano** *(flashlight)*
- **un paraguas** *(umbrella)*

Actividad 2

Hay reglas para mantener eficiente y limpio el metro de Caracas. Algunas de estas reglas son aplicables a otros medios de transporte público. Lee con cuidado la siguiente lista y di si las actividades deben ser *(should be)* permitidas o prohibidas.

1. Tirar chicle en el suelo
2. Sentarse en los asientos
3. Leer el periódico
4. Garabatear en las paredes

5. Fumar
6. Viajar sin pagar
7. Hablar con otros usuarios
8. Viajar con niños

Actividad 3

Usando la lista del vocabulario de tránsito, explica lo que debes hacer en las siguientes situaciones:

1. Para no tener multas *(fines)*
2. El semáforo está en rojo
3. Para pagar la gasolina del coche
4. Para reparar una avería *(car trouble)*
5. Para protegerte de la lluvia
6. Para hacer una reparación del coche por la noche

7. Para ver mejor durante el día
8. Para permitir que un peatón cruce la calle
9. Para asegurar que sabes conducir
10. Para cambiar una rueda averiada

¿Cuándo dices...?

¿Qué sabes tú?

Contesta las siguientes preguntas junto con un(a) compañero(a) para ver si tienen los mismos gustos.

1. ¿Qué tipo de música te gusta? ¿El rock, las baladas románticas, la música bailable, la música country, la música de ritmos latinos?

2. ¿Cuáles son tus cantantes preferidos?

3. ¿Conoces a un(a) cantante hispano(a) popular en los Estados Unidos?

4. ¿Sabes algo de su música o de sus canciones?

¡A vista de pájaro!

Ahora, mira la lectura rápidamente y contesta las siguientes preguntas.

1. ¿Cómo se llaman los cantantes de la lectura?

2. ¿Conoces alguna de sus canciones?

Gloria Estefan

Estrellas de la canción latina

Cuatro hispanos de fama internacional

Hay muchos cantantes y músicos hispanos que se han hecho famosos en todo el mundo. Algunos por cantar en inglés y en español, otros por mezclar ritmos latinos con música rock y otros por tocar música latina en todos los continentes. Ahora vas a leer algo sobre Gloria Estefan, Jon Secada, Juan Luis Guerra y Selena, cuatro cantantes que tienen un elemento en común: transmitir la cultura hispana junto con su música.

| Gloria Estefan |

Es una cantante excelente que tiene mucha presencia sobre el escenario. Trabaja muy duro para preparar sus conciertos y darle al público un buen espectáculo en inglés y en español. Hizo muchas giras[1] por todos los Estados Unidos, Latinoamérica y Europa.

Gloria Estefan es una persona muy caritativa[2]. Ella recaudó[3] fondos de sus conciertos para ayudar a las personas que sufrieron daños[4] causados por el huracán "Andrew", que devastó el sur de la Florida. En 1990 tuvo un accidente en la carretera[5] que la dejó inválida. Su recuperación fue lenta y tuvo que dejar de cantar por un tiempo. Ahora, Gloria superó[6] su accidente y sigue cantando y brindándole[7] al público sus conciertos de primera calidad.

[1] tours
[2] charitable
[3] raised
[4] damages
[5] highway
[6] has overcome
[7] offering

Jon Secada

Es cantante, compositor y arreglador. Estudió en la Universidad de Miami, donde obtuvo una maestría[1] en música vocal de jazz.

Después de participar en el grupo Miami Sound Machine, con Gloria Estefan, comenzó su carrera como solista. Su primer álbum fue *Otro día más sin verte*, que además es el título de una canción que fue número uno en las listas de música latina. La versión en inglés de este álbum, que se titula *Jon Secada*, alcanzó[2] el nivel de disco de platino.

Secada recibió dos nominaciones para el "Grammy": una como mejor artista popular nuevo del año y la otra como el mejor artista latino. También grabó un álbum con Frank Sinatra, cantante norteamericano, y millones de personas los vieron cantar por televisión. ¡Otro ejemplo del talento hispano!

Juan Luis Guerra

Cuando se habla de Juan Luis Guerra, se habla de la salsa. La salsa es la música bailable con ritmo latino que emociona a mucha gente. Él y su banda, 4.40 (Cuatro-Cuarenta), es uno de los grupos más populares de Latinoamérica y de Europa.

Juan Luis Guerra es dominicano, estudió en *Berklee College of Music,* en Boston, y ha tenido mucho éxito en los Estados Unidos, Sudamérica y España. Las entradas de sus conciertos se venden totalmente. Una de sus canciones más famosas es "Ojalá que llueva café".

Selena

Fue conocida como la reina del tex-mex, un género musical que combina la música tradicional mexicana con música moderna.

Selena nació en Lake Jackson, Tejas, y empezó a cantar en público desde muy pequeña siempre acompañada por el grupo Los Dinos.

En este grupo tocaban su hermano y su esposo. ¡Y el productor era su papá! Realmente se puede decir que era un trabajo hecho en familia. Selena ganó muchos premios, entre ellos el "Grammy" a la mejor vocalista femenina de música tejana. Lamentablemente, Selena murió en 1995, cuando sólo tenía veinticuatro años. Ella fue un verdadero ejemplo de la unión de dos culturas.

[1] master's degree
[2] reached

Juan Luis Guerra

Jon Secada

Selena

¿COMPRENDISTE TÚ?

Según lo que leíste, completa las frases siguientes con la opción correcta.

1. Gloria Estefan ayudó a los desafortunados con el dinero de su...

   a. familia   b. universidad   c. concierto

2. El huracán que devastó el sur de la Florida fue...

   a. John   b. Gloria   c. Andrew

3. Estefan no pudo trabajar por un tiempo porque tuvo un...

   a. concurso   b. accidente   c. compromiso

4. Jon Secada es ... porque escribe sus propias canciones.

   a. compositor   b. cantante   c. guitarrista

5. Un disco de platino es un premio para los...

   a. directores   b. cantantes   c. actores

6. El ... es el premio que reciben los cantantes.

   a. "Oscar"   b. "Nobel"   c. "Grammy"

7. La banda de Juan Luis Guerra es famosa por tocar música...

   a. salsa   b. rock   c. romántica

8. Juan Luis Guerra estudió música en...

   a. Santo Domingo   b. Boston   c. Miami

9. Selena era la reina...

   a. de la salsa   b. del jazz   c. del tex-mex

10. En el grupo Selena tocaba...

    a. su hermano   b. su madre   c. su tío

¡A VER!

Evalua el tema de la lectura y di si estás de acuerdo o no con las siguientes frases. Explica tu opinión.

1. Los cantantes hispanos son muy populares en todo el mundo.

2. Los millones de hispanos que viven en los Estados Unidos compran los discos de estos cantantes.

3. Es importante que estos cantantes canten en inglés y en español porque su público es bilingüe.

Actividad 1

¿Qué información captaste? Contesta las siguientes preguntas.

1. ¿Qué estilo tienen los conciertos de Gloria Estefan?

2. ¿Qué característica especial tiene el álbum *Jon Secada?*

3. ¿En qué grupo participaron juntos Gloria Estefan y Jon Secada?

4. ¿En qué universidades estudiaron Jon Secada y Juan Luis Guerra, respectivamente?

5. ¿Cómo trabajaba Selena?

Actividad 2

Haz una encuesta entre tus amigos y luego discutan los resultados en la clase.

1. A la mayoría de los chicos no les gusta bailar porque...

   a. son tímidos.

   b. en verdad no saben bailar.

   c. prefieren hablar y escuchar la música.

2. Las chicas prefieren ir a bailar a...

   a. las discotecas.

   b. fiestas particulares.

   c. la playa.

3. Los jóvenes creen que una fiesta está muy divertida cuando...

   a. hay música que se escucha por la radio.

   b. hay mucha comida.

   c. hay chicos y chicas que son muy animados.

4. A los jóvenes les gusta bailar con música...

   a. lenta.

   b. rápida.

   c. moderna.

5. Pueden conocer fácilmente nuevos amigos en...

   a. una fiesta.

   b. un concierto de rock.

   c. una discoteca.

¡Aprendamos más!

Unos instrumentos musicales

el piano   Rubinstein tocaba **el piano** maravillosamente.

la guitarra   Segovia dio cientos de conciertos de **guitarra.**

el violín   **El violín** es el instrumento de cuerdas más pequeño.

la batería   Para tocar **la batería** hay que tener mucha coordinación.

la flauta   **La flauta** tiene un sonido muy dulce.

el saxofón   Para tocar **el saxofón** se necesitan tener buenos pulmones.

las maracas   El sonido de **las maracas** es muy importante en la música salsa.

Para escuchar música

el casete   ¿Tienes el último **casete** de Juan Gabriel?

el disco compacto (CD)   ¡Qué bien que suenan **los discos compactos** del grupo Maná!

el equipo estereofónico (stereo system)   En mi **equipo estereofónico** puedo escuchar discos compactos, casetes y la radio.

el tocadiscos   Uso **el tocadiscos** para escuchar mis discos antiguos.

el Walkman®   Para no aburrite mientras viajas, lo mejor es llevar un **Walkman®**.

Actividad 3

Une las palabras de la columna A con las palabras correspondientes de la columna B.

A	B
1. sonido muy dulce	a. guitarra
2. discos antiguos	b. saxofón
3. equipo estereofónico	c. maracas
4. cuerdas	d. tocadiscos
5. coordinación	e. piano
6. tecla *(key)*	f. batería
7. música salsa	g. disco compacto
8. buenos pulmones	h. flauta

¿Cuándo dices...?

¡A divertirs en los Piri

¿QUÉ SABES TÚ?

Haz una lista de todas las cordilleras *(mountain ranges)* del mundo que conoces. ¿En qué países están?

¡A VISTA DE PÁJARO!

Mira rápidamente la lectura para ver si se trata de lo siguiente.

1. Diversión en los Pirineos
2. Los dos mares que están alrededor de España
3. Dos ciudades del norte de España
4. Los deportes de invierno que se practican en los Pirineos

Los Pirineos son una cadena montañosa que forman la frontera natural entre España y Francia. Hay Pirineos españoles y Pirineos franceses. En España, esta cordillera se extiende por 432 kilómetros, desde el Mar Cantábrico al oeste hasta el Mar Mediterráneo. Sus picos[1] más altos son el Aneto y el Monte Perdido.

Por estar entre dos mares, los Pirineos tienen un clima muy variado. Y como hay muchos valles, crecen distintas especies de árboles, como el roble[2], el abeto[3] y el pino negro. Cerca de la costa, en el lado del Mediterráneo, hay viñas[4] y cultivos de olivos y cereales. ¡Productos naturales de primera calidad!

De todos los valles, el más importante es el Valle de Ordesa, que es el primer parque nacional de España y es de origen glacial. Este parque es muy famoso porque hay una gran cantidad de especies de animales.

Los Pirineos cubren[5] tres regiones de España: Navarra, Aragón y Cataluña. En estas regiones hay muy buenas autopistas[6] para llegar a los Pirineos desde las ciudades de Navarra, Huesca, Lérida y Barcelona.

Si te interesan los deportes de invierno, los Pirineos españoles son el lugar indicado. Las agencias de viajes españolas ofrecen excelentes ofertas de vacaciones. Los precios incluyen hotel, equipo de esquí y entrada a las pistas[7]. Así, con todo ya planeado, ¡se puede gozar[8] más de la nieve!

[1] peaks
[2] oak
[3] fir
[4] vineyards
[5] cover
[6] highways
[7] lifts
[8] enjoy

Los deportes de invierno

Desde hace veinte años el turismo es lo más importante en la economía de esta región. La gente va a los Pirineos a practicar la pesca[1] y la caza[2] y a visitar los parques naturales durante todo el año.

patineta de nieve

Pero en diciembre, enero, febrero y marzo, la gente va especialmente a practicar los deportes de invierno, ¡la atracción del lugar!

patines de hielo

Practican el esquí nórdico, el esquí alpino, el esquí en patineta o surf de nieve[3] y el patinaje sobre hielo. También practican el biatlón, que es un deporte olímpico que combina el esquí con el tiro[4].

mitones

En los Pirineos se realizan muchas competencias, principalmente de esquí. También hay carreras de trineos o *dogsled* que empezaron hace pocos años y están adquiriendo mucha popularidad.

El dogsled es un deporte de gran velocidad y mucha emoción. Se necesitan doce perros para jalar[5] un trineo. Para triunfar es necesario que los perros estén bien entrenados y que el deportista sea un buen conductor con mucha destreza[6].

bastones

Para esquiar sin frío

Para practicar los deportes de invierno es necesario tener listos algunos elementos especiales. Mira estas páginas para ver lo que necesitas.

botas

Para no tener frío, debes llevar algunas cosas que ya conoces: una chaqueta, unos guantes o mitones, y gafas. Y una riñonera para guardar dinero y las llaves. Ahora ya sabes que no es necesario esperar el verano y el calor para hacer deportes. El invierno en los Pirineos puede ser muy divertido también.

esquís

[1] fishing	[3] snowboarding	[5] pull
[2] hunting	[4] shooting	[6] skill

gorro

gafas

bufanda

chaqueta

riñonera

guantes

pantalón

tablas para caminar en la nieve

¿COMPRENDISTE TÚ?

Para ver si comprendiste la lectura sobre los Pirineos, lee las siguientes frases y escoge la respuesta apropiada. Algunas frases pueden tener más de una respuesta apropiada.

1. Los Pirineos son una cadena de montañas que está en...
   a. España   b. Francia   c. el Mar Cantábrico

2. En los Pirineos hay valles con...
   a. muchos árboles   b. cultivos   c. glaciares

3. El primer parque nacional de España es...
   a. el Valle de Ordesa   b. el Monte Perdido   c. de origen glacial

4. En el área de los Pirineos españoles hay...
   a. tres regiones   b. tres países   c. muchos animales

5. Lo más importante para la economía de la región de los Pirineos es...
   a. el turismo   b. la pesca   c. la caza

Lee las siguientes oraciones. Luego, con un(a) compañero(a) expliquen lo que quiere decir cada una.

1. Mucha gente goza de los deportes de invierno por ser una alternativa diferente.

2. Practicar los deportes de invierno es más costoso que practicar los de verano.

3. En muchos lugares donde hay montañas se pueden encontrar riquezas agrícolas.

4. Los parques nacionales son importantes para conservar la fauna y flora del país.

Actividad

En grupos de tres, decidan cuál es su deporte de invierno preferido. En una hoja de papel hagan una lista con el equipo necesario para practicar ese deporte. Luego, compartan la información con los otros grupos.

¡Aprendamos más!

El pronóstico del tiempo *(Weather forecast)*

Hace sol.	*It is sunny.*
Hace viento.	*It is windy.*
Hace frío.	*It is cold.*
Hace calor.	*It is warm.*
Hace mucho calor.	*It is hot.*
Está brumoso.	*It is foggy.*
Está nublado.	*It is cloudy.*
Está congelado.	*It is freezing cold.*
Hay hielo.	*It is icy.*
Hay una tormenta de nieve.	*There is a snow storm.*
Hay relámpagos.	*There is lightning.*
Hay truenos.	*There is thunder.*
Está lloviendo.	*It is raining.*
Está nevando.	*It is snowing.*

Actividad 2

Con un(a) compañero(a), decidan cuál es el deporte que corresponde a cada frase. Anoten las respuestas en otra hoja de papel.

1. Luisa quiere probar algo parecido a los patines en línea.
2. Sergio siempre mete la pelota en el aro.
3. Juan necesita doce perros para su trineo.
4. Isabel y Yolanda quieren patinar sobre una rampa.
5. Nancy nunca pierde la pelota cuando patina.
6. Pedro escoge la pista verde porque es principiante.
7. Ramón quiere hacer un gol con la cabeza.
8. Jorge compró un guante y un bate.
9. María fue al río a buscar peces.
10. Marcelo los utiliza para ir a la escuela. ¡Va muy rápido!

Actividad 3

Imagina que un(a) amigo(a) te invita a esquiar por una semana. Para ir preparado, contesta las siguientes preguntas.

1. ¿En qué mes prefieres ir?
2. ¿A qué lugares vas a ir a esquiar dentro del país? ¿A cuáles en otro país?
3. ¿Hace cuánto tiempo que esquías?
4. ¿Qué equipo vas a llevar?
5. ¿El primer día vas a empezar con un instructor o solo? ¿Por qué?
6. ¿Piensas que vas a querer esquiar todos los días o vas a querer descansar?
7. Un día la pista de esquí va a estar cerrada y tendrás que elegir entre patinar sobre hielo o andar en trineo. ¿Cuál escoges? ¿Por qué?
8. Después de esquiar, vas a necesitar quitarte el frío. ¿Adónde van?

Actividad 4 **Reúnete con un(a) compañero(a) y preparen una de las siguientes situaciones:**

1. Los dos visitan los Pirineos españoles en el mes de febrero. El pronóstico indica que no se puede esquiar. Llamen por teléfono a sus padres y dénles los detalles sobre el mal tiempo.

2. Están vistando la Florida en el mes de enero. Llamen por teléfono a sus padres, que Chicago y dénles detalles sobre el buen tiempo.

¿Cuándo dices...?

¿Qué sabes tú?

Contesta las siguientes preguntas:

1. ¿Qué días festivos celebras tú en los Estados Unidos?
2. ¿Cuáles son tus días festivos favoritos? ¿Por qué?
3. ¿Crees que en los países hispanos se festejan los mismos días? ¿Por qué?

¡A vista de pájaro!

Mira la lectura rápidamente y trata de contestar lo siguiente.

1. ¿Cuántos días festivos se mencionan?
2. ¿Qué día festivo celebran los jóvenes hispanos en septiembre?
3. ¿Qué días festivos del mundo hispano se celebran también en los Estados Unidos?
4. ¿Qué día festivo se celebra de una manera especial en Puerto Rico?

Festividades hispanas

En todos los países hispanos se celebran días festivos. Inclusive hay ciudades y pueblos que tienen sus propias fiestas. Generalmente, estos días conmemoran eventos históricos como el día de la independencia o el día del nacimiento de un héroe nacional. Otras días festivos son de origen religioso.

¿Cuáles son tus días festivos favoritos? Repasa este calendario para ver qué días festivos celebras y cuáles piensas celebrar en el futuro.

21 de septiembre
EL DÍA DEL ESTUDIANTE

Para los estudiantes éste es el día favorito. ¡No hay clases en las escuelas ni en las universidades! En algunas ciudades hispanas se celebra la Semana del Estudiante completa, con concursos literarios y competencias deportivas todos los días. Pero, el 21 es el día especial para que el estudiante festeje.

12 de octubre EL DÍA DE LA RAZA

El 12 de octubre de 1492 Cristóbal Colón llegó a América. Todos los países latinoamericanos celebran este día como fiesta nacional.

¡Celebran el origen de la presente población! Y se llama Día de la Raza porque la población hispanoamericana es una verdadera mezcla[1] de razas. Ese día se celebra con muchos desfiles y fiestas.

[1] mix

Mujer pintando un esqueleto, Día de los Muertos, México

2 de **noviembre** EL DÍA DE LOS MUERTOS

En ese día, la gente recuerda a sus seres queridos[1] que fallecieron[2]. En muchos países es un día triste, ¡pero no en México! Allí se celebra con mucha alegría. Se cree que los muertos y los vivos deben compartir[3] una reunión familiar una vez al año, ¡sobre todo comiendo muchos dulces y galletas!

Por todo México, las panaderías venden panes y dulces con formas de personas y animales. En los mercados mexicanos se venden juguetes con forma de calaveras[4] o esqueletos danzantes[5]. ¡Hay mucha diversión y nada de miedo!

[1] loved ones   [3] share   [5] dancing
[2] died   [4] skulls

1° de ENERO

EL DÍA DE AÑO NUEVO

Ese día empieza el año nuevo, pero la fiesta comienza el 31 de diciembre, que es el último día del año. Las familias preparan una cena con platos exquisitos, turrones[1] y almendras[2] para despedir el año viejo y darle la bienvenida al nuevo.

En algunos países, la víspera se llama Nochevieja, y mientras el reloj da las doce campanadas[3], todos comen doce uvas. Se come una uva por cada campanada y por cada mes para tener suerte todo el año.

En Ecuador, Perú y Bolivia la gente hace unos muñecos y máscaras rellenos[4] y máscaras de periódico y paja, que se llaman "años viejos". A la medianoche hacen hogueras en la calle para quemarlos[5]. Y alrededor del fuego, todos dicen… ¡Feliz año nuevo!

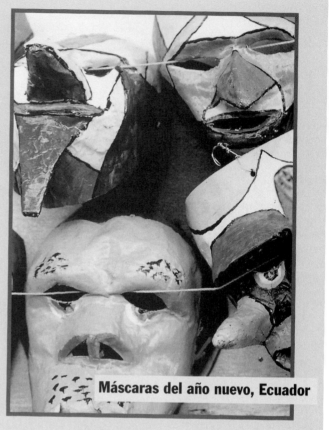

Máscaras del año nuevo, Ecuador

EL DÍA DE LOS REYES MAGOS

6 de ENERO

En muchos países hispanos, los niños creen que Gaspar, Melchor y Baltasar, los tres Reyes Magos, traen regalos. El día de los Reyes Magos o de la Epifanía es un día de fiesta para todos los niños.

En la víspera[6] del 6 de enero los niños colocan[7] sus zapatos en el balcón o enfrente de la puerta y dejan agua y paja[8] para los camellos de los Reyes Magos. En la mañana siguiente encuentran sus zapatos llenos de juguetes y dulces. En este día se prepara el tradicional roscón de reyes[9], que es un pan dulce muy rico.

[1] nougat   [4] filled   [7] put
[2] almonds   [5] burn them   [8] straw
[3] strokes   [6] eve   [9] king's bread

LA PASCUA FLORIDA

El domingo de Pascua[1] es la culminación de la cuaresma[2] y el último día de la Semana Santa[3], una semana de desfiles y celebraciones.

Es una fiesta religiosa muy importante, durante todo el día suenan las campanas de las iglesias anunciando la misa[4] de Pascua. Después de la misa, la gente vuelve a casa para comer con su familia y sus amigos.

Después de la comida llega el tradicional postre, ¡el huevo de Pascua de chocolate con dulces dentro!

Tres jóvenes en un desfile de Semana Santa, España

EL DÍA DEL TRABAJO

1° de mayo

Es una fiesta nacional en muchos países hispanos. El primero de mayo fue designado como el Día Internacional del Trabajo por el Congreso Internacional Socialista Ruso en 1889. Luego, fue adoptado por algunos países hispanohablantes.

Ese día están cerradas todas las tiendas y las oficinas. Es un día de descanso[5] para el trabajador. El refrán dice: "Quien sabe trabajar, sabe descansar."

EL DÍA DE SAN JUAN

24 de junio

Esta celebración es de origen religioso y también de origen pagano porque esta fecha coincide con el solsticio de verano.

El Día de San Juan se celebra en honor a San Juan Bautista, y se festeja con desfiles, bailes tradicionales y hogueras.

En Puerto Rico, el 24 de junio se celebra con mucho entusiasmo porque San Juan Bautista es el Santo Patrón de la isla. Una creencia relacionada con este día dice que si te bañas en el mar en la noche de San Juan, vas a tener mucha suerte. Toda la gente de Puerto Rico festeja la noche de San Juan con familiares y amigos.

[1] Easter   [3] Holy Week   [5] rest
[2] Lent   [4] mass

¿COMPRENDISTE TÚ?

Lee las siguientes situaciones y usa la información de la lectura para responder a las preguntas.

1. "¡Mónica, duerme bien!", dice su mamá. Pero Mónica no duerme. Ella espera. Quiere levantarse y ver sus zapatos con regalos.

   ¿A quién espera Mónica?

   a. A su papá y a su mamá.

   b. A los Reyes Magos.

   c. A Santa Claus.

2. En el barrio donde vive María Elena, todas las calles están iluminados con hogueras.

   ¿Qué día festivo celebran?

   a. El Día de la Raza.

   b. El Dia de San Juan.

   c. La Semana Santa.

3. Camila vive en Uruguay. Las escuelas están cerradas y ella está con sus compañeros de escuela tomando refrescos en el parque.

   ¿Qué hace?

   a. Celebra el Día del Trabajo.

   b. Espera el Año Nuevo.

   c. Festeja el Día del Estudiante.

4. Hoy nadie va a trabajar y no hay tiendas abiertas. Todos duermen hasta más tarde porque es un día para descansar.

   ¿Qué día es?

   a. Es lunes.

   b. Es el Día del Trabajo.

   c. Es el Día del Estudiante.

5. Laura se despierta y va a la panadería. Allí compra panes y dulces especiales. Ella quiere acordarse con alegría de sus antepasados *(ancesters)*.

   ¿Por qué?

   a. Es el Día de los Muertos.

   b. Es la Pascua Florida.

   c. Es el Día de San Juan.

Con un(a) compañero(a), contesten las siguientes preguntas. Pónganse de acuerdo y escriban sus respuestas en una hoja de papel.

1. ¿Cuándo es el Día de las Brujas *(Halloween)* en los Estados Unidos? ¿Qué hacen los niños? ¿Qué tiene de parecido al Día de los Muertos?

2. ¿Cómo se celebra el Día de Acción de Gracias en los Estados Unidos? ¿Crees que algunas festividades hispanas tienen el mismo significado?

3. ¿Qué significa el Día de la Raza para los hispanos? ¿Estás de acuerdo?

4. ¿Qué día festivo de los Estados Unidos se celebra en una fecha diferente en los países hispanos?

Actividad

Imagina que mañana es 4 de julio, el día de la independencia de los Estados Unidos. Lee la siguiente lista de actividades y di si tu familia participa de ellas en esa fecha. Luego, para cada respuesta afirmativa indica dónde tiene lugar esa actividad.

1. Hay fuegos artificiales.

2. Hay muchos desfiles.

3. Hay conciertos.

4. Se hacen barbacoas (barbecues).

5. Hay bailes.

¡ADIVINEMOS!

En español, muchos adjetivos que terminan en **-ivo(a)** corresponden a los adjetivos en inglés que terminan en **-ive**. Por ejemplo:

activo(a) = *active*
Roberto practica muchos deportes. Es un joven muy **activo**.

Actividad 2 Ahora, escribe los cognados en español de las siguientes palabras.

1. *administrative*

2. *attractive*

3. *interactive*

4. *imaginative*

5. *impulsive*

6. *collective*

Actividad 3 Completa cada oración con el adjetivo correspondiente de la Actividad 2. Acuérdate de la diferencia entre adjetivos masculinos y femeninos. ¡No te confundas!

1. Mi amiga Raquel es muy…

2. El cuento que escribiste es muy…

3. Los trabajadores tienen un contrato…

4. El banco tiene problemas…

5. Juan siempre se enoja. Es muy…

6. El CD-ROM es un disco…

Actividad 4 Vuelve a repasar la lectura. ¿Qué días festivos te parecen más importantes? Haz una lista según el orden de importancia que tú creas. También puedes incluir el Día de la Madre y el Día del Padre. Luego compártelo con la clase para ver si están de acuerdo.

Días festivos importantes

1.

2.

3.

4.

5.

Escoge la festividad hispana que te pareció más atractiva. En una hoja de papel prepara una carta para enviarle a tu amigo(a) por correspondencia que vive en el país donde tú quieres festejar ese día. Cuéntale que vas a ir a visitarlo(a) y explícale qué planes tienes para que se diviertan juntos durante el día festivo. ¡No te olvides de incluir el día que vas a llegar!

¿Cuándo dices...?

Clave de respuestas

LECTURA 1

¿Qué sabes tú?
1. C   2. C   3. F   4. C

¡A vista de pájaro!
1, 3 y 4

¡A ver!
1. b.   2. b   3. c   4. b   5. a

Actividad 1
1. banana   4. family   7. person   10. professor
2. concert   5. palace   8. piano   11. silence
3. drama   6. computer   9. president   12. traffic

Actividad 2
1. d	4. a	7. m	10. k	13. e
2. h	5. n	8. b	11. l	14. g
3. f	6. c	9. ñ	12. j	15. i

Actividad 3
1. B	4. A	7. C	10. C	13. B
2. E	5. E	8. A	11. C	14. D
3. E	6. B	9. E	12. E	15. D

Actividad 4
1. nacional; 2. internacional; 3. internacional; 4. internacional;
5. nacional; 6. internacional; 7. nacional; 8. internacional;
9. nacional; 10. nacional

LECTURA 2

¿Qué sabes tú?
1. C   2. F   3. C   4. C

¡A vista de pájaro!
2, 3 y 4

¿Comprendiste tú?
1. C
2. C
3. F. Generalmente usan dos apellidos.
4. F. El apellido materno es el de la mamá; el paterno es el del papá.
5. C
6. C

7. C
8. C

¡A ver!
1. Sánchez viene del nombre Sancho.
2. Ester Fernández Prado es la nieta de Hernán Fernández Molina. (Hernán Fernández Molina es el abuelo por parte del papá de Ester Fernández Prado.)
3. Viene de alguna familia que vivía en un castillo o cerca de él.
4. María Delgado-Sánchez o María Delgado de Sánchez.
5. Los apellidos Prado y Flores vienen de las palabras de la naturaleza: prado y flores.

Actividad 1
1. mamá   2. hija   3. papá   4. hijo   5. hija

Actividad 2
1. materno   3. Rosario   5. Beto   7. Chela
2. apodo   4. Juanito   6. Tere   María Isabel = MARIBEL

Actividad 3
1. Eduardito   4. Pablito   7. Marcelita   10. Sarita
2. Danielito   5. Robertito   8. Martita
3. Miguelito   6. Laurita   9. Rosita

Actividad 4
1. ceremony   5. study   9. industry
2. company   6. excellence   10. matrimony
3. democracy   7. extraordinary   11. ordinary
4. emergency   8. pharmacy   12. solitary

Actividad 5
1. emergencia   3. ceremonia   5. industria
2. matrimonio   4. farmacia   6. estudio

LECTURA 3

¿Qué sabes tú?
Las respuestas van a variar.

¡A vista de pájaro!
1. a.   2. b   3. b   4. a

¿Comprendiste tú?
1. C
2. C

F. Tiene quince años, está en la escuela secundaria.

F. Tiene dos hermanos.

F. La asignatura preferida es historia.

C

C

C

F. Quiere ser profesora de historia o de inglés.

C

¡A ver!
respuestas van a variar.

Actividad 1
respuestas van a variar.

En un restaurante: un(a) cocinero(a), un(a) cajero(a)

En una casa: un(a) plomero(a), un(a) electricista

En un centro comercial: un(a) vendedor(a),
un(a) peluquero(a)

En un banco: un(a) contador(a), un(a) gerente

En un hospital: un(a) doctor(a), un(a) enfermero(a)

Actividad 2
ingeniero   3. arquitecta   5. cajera   7. locutora

científico   4. médico   6. fotógrafo   8. abogado

Actividad 3
s respuestas van a variar.

Actividad 4
s respuestas van a variar.

Actividad 5
s respuestas van a variar.

LECTURA 4

Qué sabes tú?
s respuestas van a variar.

A vista de pájaro!
s respuestas van a variar.

Comprendiste tú?
C

F. También viven en apartamentos.

C

C

---

5. F. También puede vivir en un palo.

6. C

7. C

8. F. Hay iguanas en México, América Central y del Sur.

9. C

10. F. Son de la familia de la comadreja.

11. C

12. F. Viven en lugares cálidos.

¡A ver!
Las respuestas van a variar.

Actividad 1
1. pez	4. caballo	7. iguana	10. hurón
2. perro	5. canario	8. gato	
3. conejo	6. tortuga	9. hámster	

Actividad 2
Las respuestas van a variar.

Actividad 3
Las respuestas van a variar.

LECTURA 5

¿Qué sabes tú?
Las respuestas van a variar.

¡A vista de pájaro!
1. Barrio Gótico   3. el Salón del Trono de la Catedral

2. el catalán   4. la Iglesia de la Sagrada Familia

¿Comprendiste tú?
1. C

2. F. Es un teatro de ópera.

3. F. Es el barrio antiguo.

4. F. Fue la capital del reino de Cataluña y Aragón.

5. F. Se reunió en el Salón del Trono de la Catedral de
Barcelona.

6. C

7. F. Gaudí murió antes de terminarla.

8. C

¡A ver!
Las respuestas van a variar.

Actividad 1
Las descripciones van a variar.

Actividad 2

1. abundant	3. diligent	5. important
2. different	4. tolerant	6. impatient

Actividad 3

Las respuestas van a variar.

Actividad 4

Las respuestas van a variar.

Actividad 5

1. a   2. b   3. b

LECTURA 6

¿Qué sabes tú?

Las respuestas van a variar.

¡A vista de pájaro!

1. sí   2. no   3. sí   4. no

¿Comprendiste tú?

1. Lorena, Bernardo, Pilar y Mónica
2. Mónica
3. Lorena
4. Bernardo
5. a Raúl (del Colegio Miraflores)

¡A ver!

1, 3 y 5

Actividad 1

1. b   2. a   3. b   4. a   5. c

Actividad 2

1. b   2. a   3. a   4. b

Actividad 3

Las respuestas van a variar.

LECTURA 7

¿Qué sabes tú?

Las respuestas van a variar.

¡A vista de pájaro!

1, 2 y 4

¿Comprendiste tú?

1. C
2. C
3. C
4. F. Ambos deportes pueden ser peligrosos.
5. F. En Madrid hay pistas en los parques.
6. C
7. C
8. C
9. F. Protege la cabeza.
10. C
11. C
12. F. Cada patín tiene tres, cuatro o cinco ruedas.
13. C
14. F. Es un deporte para todas las edades.

¡A ver!

Las respuestas van a variar.

Actividad 1

Las respuestas van a variar.

Actividad 2

1. guantes	3. rodilleras	5. coderas
2. casco	4. botas	6. guantes

Actividad 3

1. c   2. a   3. f   4. d   5. e   6. b

Actividad 4

1. ambitious	3. famous	5. precious
2. curious	4. generous	6. superstitious

Actividad 5

Las respuestas van a variar.

LECTURA 8

¿Qué sabes tú?

Las respuestas van a variar.

¡A vista de pájaro!

1. seis
2. San José, Quito, México, D. F. (la Ciudad de México), Santiago

¿Comprendiste tú?

1. Luisa	3. Yvette	5. Roberto	7. Ángel
2. Ángel	4. Laura	6. Luisa	8. Ana María

er!

respuestas van a variar.

vidad 1

pel	4. metal	7. papel	10. vidrio
ástico	5. papel o plástico	8. cartón	
uminio	6. papel o plástico	9. papel	

vidad 2

respuestas van a variar.

vidad 3

| namism | 3. Mexicanism |
| itarist | 4. optimist |

vidad 4

| uitarrista | 3. pesimista |
| timista | 4. realismo |

CTURA 9

é sabes tú?

respuestas van a variar.

vista de pájaro!

respuestas van a variar.

mprendiste tú?

iamante	4. bate	7. Madrid
ooperstown	5. ligas	8. hispano
ueve	6. guante	9. Yanquis

Respuesta = DOUBLEDAY

ver!

respuestas van a variar.

tividad 1

| Detroit | 3. Cleveland | 5. Kansas City | 7. Chicago |
| Jueva York | 4. Boston | 6. Minnesota | 8. Seattle |

tividad 2

representaciones van a variar.

tividad 3

abundance	4. elegance	7. patience	10. reference
confidence	5. essence	8. presence	
prudence	6. importance	9. constancy	

Actividad 4
1. a   2. b   3. a   4. a   5. a

LECTURA 10

¿Qué sabes tú?
Las respuestas van a variar.

¡A vista de pájaro!
Las respuestas van a variar.

¿Comprendiste tú?
1. c   2. b   3. b   4. c   5. c

¡A ver!
Las respuestas van a variar.

Actividad 1
Las respuestas van a variar.

Actividad 2
Carmen: al mercado al aire libre
Arturo: a la panadería
María del Pilar: a la carnicería
Bernardo: a la verdulería

Actividad 3
Las respuestas van a variar.

Actividad 4
1. scene	4. statue	7. structures	10. stadium
2. space	5. stampede	8. stupendous	
3. spectacle	6. strict	9. station	

Actividad 5
1. estatua	4. estación	7. estampida	10. estupendo
2. espectáculo	5. espacio	8. estricto	
3. estructuras	6. escena	9. estadio	

LECTURA 11

¿Qué sabes tú?
Las respuestas van a variar.

¡A vista de pájaro!
El metro de una capital, las ventajas de un sistema de transporte público

¿Comprendiste tú?

1. Caracas	5. espectáculos	9. simple	13. arte
2. autobús	6. usuario	10. integrado	14. mano
3. metro	7. Capitolio	11. reglas	15. garabatear
4. cómodos	8. deleitar	12. fumar	

```
Q U R A T I E L E D P I O Y
S R E G L A S S D S A R T E
S I C R U E P U F G H J L M
G A M E Z X E B E C O V N B
A A Z P M O C O M O D O S U
R R A V L A T T L A J V I I
A P T L I E A U D N A R E N
B H E E A G C A R A C A S T
A S I L S E U O E M E L Z E
T O H L N V L L R E I I S G
E L U E D E O R T E M N J R
A U N U R T S S A C N A A A
R A M U F U S U A R I O N D
M H A R O C A P I T O L I O
```

¡A ver!

Las respuestas van a variar.

Actividad 1

Las respuestas van a variar.

Actividad 2

1. prohibida	3. permitida	5. prohibida	7. permitida
2. permitida	4. prohibida	6. prohibida	8. permitida

Actividad 3

1. Debo cumplir las reglas de tránsito.
2. Debo parar.
3. Debo llevar dinero en efectivo.
4. Debo llevar herramientas.
5. Debo llevar un paraguas.
6. Debo llevar una linterna de mano.
7. Debo llevar gafas para el sol.
8. Debo parar.
9. Debo llevar mi carné de conducir.
10. Debo llevar una rueda de auxilio y un gato.

LECTURA 12

¿Qué sabes tú?

Las respuestas van a variar.

¡A vista de pájaro!

1. Gloria Estefan, Jon Secada, Juan Luis Guerra y Selena.
2. Las respuestas van a variar.

¿Comprendiste tú?

1. c	3. b	5. b	7. a	9. c
2. c	4. a	6. c	8. b	10. a

¡A ver!

Las respuestas van a variar.

Actividad 1

Las respuestas van a variar.

1. El estilo único de Gloria Estefan se basa en su dedicación superarse y ofrecer un espectáculo de primera calidad.
2. El álbum *Jon Secada* tiene la característica especial de ter dos versiones, uno en inglés y otro en español que se titula *Otro día más sin verte*. Además ganó el disco de platino.
3. Estefan y Secada participaron juntos en el grupo Miami Sound Machine.
4. Jon Secada estudió música en la Universidad de Miami. Ju Luis Guerra estudió en Berklee College of Music, en Boston
5. Se puede decir que el grupo de Selena era un trabajo hech en familia porque tocaban su hermano y su esposo. Ademá su papá era el productor.

Actividad 2

Las respuestas van a variar.

Actividad 3

1. h	3. g	5. f	7. c
2. d	4. a	6. e	8. b

LECTURA 13

¿Qué sabes tú?

Las respuestas van a variar.

¡A vista de pájaro!

La lectura va a tratar de: Diversión en los Pirineos y los deportes de invierno que se practican en los Pirineos.

¿Comprendiste tú?

a, b   2. a, b   3. a, c   4. a, c   5. a

¡A ver!

Las respuestas van a variar.

Actividad 1

Las respuestas van a variar.

Actividad 2

patinaje sobre hielo	5. hockey	9. pesca
baloncesto	6. esquí	10. patines en línea
dog sled	7. fútbol	
patineta	8. béisbol	

Actividad 3

Las respuestas van a variar.

Actividad 4

Las representaciones van a variar.

LECTURA 14

¿Qué sabes tú?

Las respuesta van a variar.

¡A vista de pájaro!

ocho
El Día del
Estudiante

3. el 12 de octubre, el primero de enero,
   Semana Santa y Pascua
4. El día de San Juan

¿Comprendiste tú?

b   2. b   3. c   4. b   5. a

¡A ver!

Las respuestas pueden variar.

1. El Día de las Brujas es el 31 de octubre. Los niños se disfrazan y salen de casa en casa pidiendo caramelos. Es parecido al Día de los Muertos porque se trata de fantasmas y espíritus. También se celebra con mucha alegría.

2. Se celebra con una comida grande con platos típicos, como la Navidad hispana.

3. Para los hispanos el Día de la Raza celebra el origen de la gente de América Latina que es una mezcla de razas indígenas y europeas.

4. *Memorial Day*, que se celebra en los Estados Unidos en mayo, es similar al Día de los Muertos, que se celebra el 2 de noviembre. Y el Día del Trabajo que se celebra en los Estados Unidos en septiembre *(Labor Day)*.

Actividad 1

Las respuestas van a variar.

Actividad 2

1. administrativo(a)	3. interactivo(a)	5. impulsivo(a)
2. atractivo(a)	4. imaginativo(a)	6. colectivo(a)

Actividad 3

1. atractiva	3. colectivo	5. impulsivo
2. imaginativo	4. administrativos	6. interactivo

Actividad 4

Las respuestas van a variar.

Actividad 5

Las respuestas van a variar.

Vocabulario español-inglés

This **Vocabulario** includes all the words and expressions in *Ventanas*. (Exact cognates, conjugated verb forms, and proper nouns are generally omitted.) The gender of nouns is indicated *m.* (masculine) or *f.* (feminine). When a noun designates a person, the masculine form is given and the feminine ending (**a**) is in parentheses. Adjectives ending in **-o** are given in the masculine singular with the feminine ending (**a**) in parentheses. Verbs are listed in the infinitive form except for the past participles which appear in text as adjectives. The following abbreviation is also used: *pl.* - plural. All items are alphabetized in Spanish: **ñ** follows **n,** and **rr** follows **r.**

a pesar de   in spite of

abandonado(a)   abandoned

abeto *m.*   fir tree

aceite *m.*   oil

acera *f.*   sidewalk, pavement

ácido(a)   acidic

acompañar   to accompany

acordarse   to remember

actualmente   at the present time

además   furthermore
   además de   besides

adornar   to adorn

adquirir   to acquire

afectar   to affect; to have an effect on

afecto *m.*   emotion

aficionado(a) *m., f.*   fan, enthusiast

agridulce   sweet-and-sour

ahorrar   to save

ajustar   to adjust

alcanzar   to reach

alegrar   to make happy

alegría *f.*   happiness

algo   something

alguien   someone

alguno(a)   some, any

alimentación *f.*   nourishment, nutrition

alimentar   to feed
   alimentarse   to feed oneself

alimento *m.*   food

allí   there

almendra *f.*   almond

almohadón *m.*   cushion

alrededor   around

alto(a)   high, tall

altura *f.*   height, altitude

amable   kind, friendly

amargo(a)   bitter

amarillo(a)   yellow

amistoso(a)   friendly

ananá *m.*   pineapple

anaranjado(a)   orange-colored

anaranjado *m.*   (color) orange

andar   to walk

anillo *m.*   ring

anochecer   to grow or get dark

anochecer *m.*   nightfall, dusk

anterior   previous

antigüedad *f.*   antique

antiguo(a)   old, ancient

antojarse   to feel like, fancy

anunciar   to announce

anuncio *m.*   announcement, advertisement

añadir   to add

aparecer   to appear

apariencia *f.*   appearance

aparte   apart, aside

apellido *m.*   surname, last name

aplicar   to apply

apoyar   to support

aprender   to learn

uel *m.*, **aquella** *f.*   that

uí   here; now

añar   to scratch

ol *m.*   tree

omático(a)   aromatic, fragrant

quitectura *f.*   architecture

reglador *m.*   composer

riba   above, up, upstairs

rojar   to throw

roz *m.*   rice

tesano(a) *m.*, *f.*   craftsperson

í   thus, this (that) way, so

iento *m.*   seat

ignatura *f.*   subject

n   even, yet, although

nque   although, even though

topista *f.*   highway, expressway

e *f.*   bird

visar   to advise

yudar   to help

túcar *m.*, *f.*   sugar

B

ailable   danceable

aile *m.*   dance

alancear   to balance

alcón *m.*   balcony

añar   to bathe, give a bath
   bañarse   to bathe, swim,
   take a bath

arrio *m.*   neighborhood, district

ase *f.*   base

astante   enough

astón *m.*   cane, ski pole

---

basura *f.*   trash

basurero *m.*   dump

bate *m.*   bat

batear   to hit, bat

beber   to drink

bebida *f.*   drink

bien   good, well

bienvenida *f.*   welcome

bienvenido(a)   welcome

bilingüe   bilingual

blando(a)   soft, tender

boda *f.*   wedding

bola *f.*   ball

boleto *m.*   ticket

borde *m.*   border

bosque *m.*   forest, woods
   bosque tropical   tropical forest,
   rainforest

bota *f.*   boot

brigada *f.*   brigade, squad

brindar   to offer; invite
   brindar a   to offer a toast
   to someone

bueno(a)   good

buscar   to look for

caber   to fit
   no cabe duda   there is no doubt

cabeza *f.*   head

cada   each

cadena *f.*   chain

calabaza *f.*   squash, pumpkin

calavera *f.*   skull

calcomanía *f.*   sticker, decal

---

calidad *f.*   quality

caliente   hot

calle *f.*   street

caloría *f.*   calorie

caluroso(a)   warm; hot

camello(a) *m.*, *f.*   camel

caminar   to walk

camino *m.*   road, path

campanada *f.*   stroke of a bell

campaña *f.*   campaign

campeón *m.*, **campeona** *f.*   champion

campo *m.*   field; countryside

canario *m.*   canary

cantante *m.*, *f.*   singer

cantar   to sing

cantidad *f.*   quantity

canto *m.*   song; singing

cañón *m.*   cannon

capacidad *f.*   capacity

caracterizar   to characterize;
   to play the part of

carga *f.*   load, freight

Caribe   Caribbean

caritativo(a)   charitable

carne *f.*   meat

caro(a)   expensive

carrera *f.*   race

carretera *f.*   highway

casado(a)   married

casco *m.*   helmet
   casco protector   protective
   helmet

casería *f.*   country house

caso *m.*   case, event
   en caso de   in case of

caucho *m.*   rubber

causar to cause

caza *f.* hunting

cazar to hunt

celebrar to celebrate

cena *f.* dinner, supper

centenario(a) centennial

centro *m.* center
  centro comercial shopping center

cerca near

cerrado(a) closed

chaqueta *f.* jacket

charla *f.* chat, conversation; lecture

charlar to chat, talk

chirimoya *f.* cherimoya, a fruit from South America; custard apple

cicatriz *f.* scar

científico(a) *m., f.* scientist

científico(a) scientific

cierto(a) true, certain

cine *m.* cinema, movie theater

cítrico(a) citric

ciudad *f.* city

claro(a) clear
  ¡claro que sí! of course!

clima *m.* climate

codera *f.* elbow pad

codo *m.* elbow

coincidir to coincide

colocar to put, place

comadreja *f.* weasel

combustible *m.* fuel

comentar to comment

comenzar to begin

comestible edible

como like, as

¿cómo? how? what?

cómodo(a) comfortable

compañía *f.* company

compartir to share

competencia *f.* competition

competir to compete

comportamiento *m.* behavior, conduct

comportarse to behave (oneself)

compositor(a) *m., f.* composer

compra *f.* purchase
  de compras shopping

con with
  con seguridad with security, safely

concurso *m.* contest, competition

conectar to connect

confundir to mix up; to confuse

confundirse to make a mistake

conmemorar to commemorate

conocer to know

consciente conscious, aware

conservar to conserve
  conservar la línea to watch one's weight, stay thin

construir to construct

consulta *f.* opinion, consultation

consultar to consult

consumir to consume

contar to count; to consider; to count on

contaminación *f.* pollution

contaminado(a) polluted

contemporáneo(a) contemporary

contener to contain, hold; to restrain

continuar to continue

controlar to control

convertir to convert, to change

convertirse to become converted, change into

Copa Mundial *f.* World Cup

cordillera *f.* mountain range

correr to run

corriente ordinary

cortar to cut

cosa *f.* thing

cosecha *f.* harvest, crop

cosechar to harvest

cosmopolita cosmopolitan

costa *f.* coast

costar to cost

crecer to grow

crecimiento *m.* growth

creencia *f.* belief

creer to believe

cremoso(a) creamy

¿cuál(es)? which? which one(s)?

cuando when
  de vez en cuando now and then

¿cuánto(a)? how much?

cuaresma *f.* Lent

cubrir to cover

cuidar to take care of

cultivo *m.* cultivation

cultura *f.* culture

dar to give

daño *m.* damage, harm

danzante *m., f.* dancer

m. fact, piece of information

atos data, information

of; from

e acuerdo agreed

e vez en cuando once in a while

er to be obliged; should, must; o owe

ebe ser should be

do a due to, owing to

dido(a) determined, resolute

dir to decide

ir to say, tell

larar to declare

icar to dedicate

ecto *m.* defect

ar to allow; to let; o leave (behind)

eitar to delight, please

gado(a) thin, slim

nasiado(a) too much

ender to depend

orte *m.* sport

ortivo(a) sports-related

echa *f.* right, right side

armar to disarm; to take apart

arrollar to develop

ayuno *m.* breakfast

canso *m.* rest

cubrir to discover

cuento *m.* discount

de from; since

ear to desire

file *m.* parade

ignado(a) designated; appointed

lizarse to slide; to slip away

pedirse to say goodbye

pertar to wake up

---

después after

destacar to emphasize; to stand out

destreza *f.* skill

devastar to devastate

diamante *m.* diamond

diariamente daily

diario(a) daily

diario *m.* newspaper

dictadura *f.* dictatorship

diestro(a) right-handed

diferencia *f.* difference

difícil difficult

disco compacto *m.* compact disk, CD

diseñado(a) designed

disminuir to diminish, lessen

disparar to shoot; to dart off

disposición *f.* arrangement; disposal; aptitude

distinto(a) different, distinct

distribuir to distribute

diversión *f.* diversion, entertainment

divertido(a) amusing, fun

divertirse to have a good time

dócil docile, obedient

dominar to dominate

dominicano(a) Dominican

donde where

dorado(a) golden

dormir to sleep

dueño(a) *m., f.* owner

dulce sweet

dulce *m.* candy, sweet

dúo *m.* duo, duet

durante during

duro(a) hard

---

echar to throw, to put in

edificio *m.* building

editorial *f.* publishing company

eficiente efficient

elegir to elect

emitir to emit

emocionarse to be moved, touched

empezar to start

en in, at, on, of, about, into
en caso de in case of
en punto on the dot (time)

encantar to love, really like

encuentro *m.* encounter, meeting

encuesta *f.* survey

endorsar to endorse

enero *m.* January

enfermarse to become ill

enfermedad *f.* illness

enfrente facing, opposite, in front

engordar to gain weight

enojarse to become angry, upset

enorme enormous

ensalada *f.* salad

enseñar to teach, show

entrada *f.* entrance
entradas tickets (to a concert)

entre between

entrenar to train

epifanía *f.* Epiphany; Twelfth Night

episodio *m.* episode

equilibrio *m.* equilibrium, balance

equipo *m.* equipment

escape *m.* escape; exhaust pipe

escenario *m.* stage, scenery; setting

escoger to choose

esconderse to hide oneself

escorbuto *m.* scurvy

escuchar to listen to

ese, esa that

ése, ésa that one

eso that, the same

especialmente especially

especie *f.* species; type

espectáculo *m.* spectacle; show performance

espectadores *m. pl.* audience

esperar to wait for; to hope for; to expect

espíritu *m.* spirit, soul; courage, valor

esposo(a) *m., f.* husband, wife

esqueleto *m.* skeleton

estacionamiento *m.* parking

estado *m.* state

estar to be
　estar de moda to be in style

estatura *f.* height

este, esta this

éste, ésta this (one)

estilo *m.* style

estos, estas these

estudiantil pertaining to students

evitar to avoid

exhibir to exhibit

existir to exist

éxito *m.* success

exposición *f.* exposition

exquisito(a) exquisite, perfect

extender to extend

extraño(a) strange

fallecer to die

fama *f.* fame, reputation

fecha *f.* date

fertilizar to fertilize

festejar to celebrate; to entertain

firma *f.* signature

físico(a) physical

flor *f.* flower

florecer to flourish

fondo *m.* bottom; fund (monetary)

forma *f.* form

formar to form

fractura *f.* fracture, break

franja *f.* fringe, border; strip

frecuencia *f.* frequency

frecuentemente frequently

freír to fry

fresa *f.* strawberry; drill

fresco(a) fresh, cool

frío(a) cold

frío *m.* cold

frontera *f.* border (between countries)

frutilla *f.* strawberry

fuego *m.* fire

fuente *f.* fountain; source

fuera outside
　fuera de outside, except for, apart from

fumar to smoke

funcionar to function

fundar to found

gafas *f. pl.* eyeglasses, goggles

galleta *f.* cookie
　galletas para perros dog biscu

garabatear to scribble

gastar to spend (time); to waste

gato *m.* cat

género *m.* kind, sort; way, manner

gente *f.* people

gigante gigantic

gira *f.* tour

giro *m.* twirl, turn

golpe *m.* blow, knock

goma *f.* rubber; glue; rubber band

gordo(a) fat

gozar to enjoy

grabar to record

gracioso(a) witty, amusing

grado *m.* degree (temperature)

gran (grande) grand, great, large

grasa *f.* fat, grease

gritar to shout

grueso(a) thick

guante *m.* glove

guardar to keep, save

guión *m.* hyphen; script

guiso *m.* stew, casserole

gustar to like

haba *f.* broad bean

habilidad *f.* skill, talent

cer   to do, make
hace buen tiempo   the weather
  is good

cerse   to become

mbre *f.*   hunger

sta   even; until; up to

y   there is, there are

lado *m.*   ice cream

rmano(a) *m., f.*   brother, sister

lo *m.*   ice

o(a) *m., f.*   son, daughter

era *f.*   row

toria *f.*   history; story

guera *f.*   fire

ja *f.*   leaf

mbre *m.*   man

mbro *m.*   shoulder

y   today
  hoy en día   nowadays

eso *m.*   bone

evo *m.*   egg

rón *m.*   ferret

entificar   to identify

ual   same; alike; equal

ualmente   likewise

portante   important

pulso *m.*   impulse; impetus

cluir   to include

clusive   including

dicado   indicated, appropriate

dicar   to indicate

dio(a)   Indian

industria *f.*   industry

interrumpir   to interrupt

inválido(a)   invalid; disabled

inventar   to invent, imagine

invierno *m.*   winter

izquierda *f.*   left, left side

izquierdo(a)   left

jalar   to pull

jardinero *m.*   outfielder
    jardinero corto   shortstop
    jardinero derecho   rightfielder
    jardinero izquierdo   leftfielder

jaula *f.*   cage

joven *m., f. (pl.* **jóvenes***)*
    young person

juego *m.*   game

jugador *m.*   player

jugo *m.*   juice

juguete *m.*   toy

juguetón *m.,* **juguetona** *f.*   playful

junto(a)   joined; together

lácteo(a)   pertaining to milk

lado *m.*   side

ladrar   to bark

lamentablemente   unfortunately

lana *f.*   wool

lanchero *m.*   bargeman, boatsman

lanzador *m.*   pitcher

lanzar   to throw

largo(a)   long

lastimarse   to hurt, bruise,
    injure oneself

latino(a)   Latin

leche *f.*   milk

lechuga *f.*   lettuce

lectura *f.*   reading

leer   to read

legendario(a)   legendary

legumbre *f.*   vegetable

lengua *f.*   tongue; language

lenguaje *m.*   language

lento(a)   slow

letrero *m.*   sign

libra *f.*   pound

liga *f.*   league

limón *m.*   lemon

limpiar   to clean

limpio(a)   clean

lindo(a)   pretty

lista *f.*   list

listo(a)   ready; clever

literario(a)   literary

llamarse   to be named

llegar   to arrive

lleno(a)   full

llevar   to carry; to take; to wear
    llevarse bien   to get on
    well together

llover   to rain

localidad *f.*   place

lucir   to shine; to stand out

lucirse   to excell

lugar *m.*   place

luz *f.*   light

M

maestría *f.* master's degree

Magos of the Magi
los Reyes Magos the Three Wise Men, the Magi

mal bad

manera *f.* manner, way

mango *m.* mango (tropical fruit)

mano *f.* hand

manta *f.* blanket; large shawl

mantener to maintain, keep

mañana *f.* morning

mañana tomorrow

mar *m.* sea

más more

mascota *f.* mascot, pet

materno(a) maternal

mayor oldest; greater, older

mediano(a) medium, average

medianoche *f.* midnight

medida *f.* measurement

medio *m.* **ambiente** environment

medio *m.* **de transporte** means of transportation

mejor better
mejor dicho more specifically, rather

mejorar to improve

menor smaller, younger; youngest

menos less

mermelada *f.* jam, marmalade

método *m.* method

metro *m.* subway

mezcla *f.* mixture

mezclar to mix

miembro *m., f.* member

mientras while

millón *m.* million

mirar to watch, look at

misa *f.* mass

mismo(a) same

moderno(a) modern

molestar to disturb; to bother

monarca *m.* monarch, king

monóxido *m.* **de carbono** carbon monoxide

montaña *f.* mountain

montañoso(a) mountainous

montículo *m.* knoll, hillock

mover to move

muerte *f.* death

muerto(a) dead

muerto *m.* dead person

multa *f.* fine, penalty

mundial world-wide

mundo *m.* world

muñeca *f.* wrist

música *f.* music

músico(a) *m., f.* musician

N

nacimiento *m.* birth

nacer to be born

nadie no one, nobody

nieve *f.* snow

nivel *m.* level

nocturno(a) pertaining to the night

nombre *m.* name

nota *f.* grade; note

notable remarkable

noticias *f. pl.* news

novato(a) *m., f.,* beginner, novice

nuestro(a) our

nutrir to nourish, to feed

nutritivo(a) nutritious

O

obra *f.* work

obtener to obtain

oca *f.* edible tuber similar to the potato

oferta *f.* offer; bargain

oficina *f.* office

ofrecer to offer

oído *m.* ear; hearing

ojo *m.* eye

¡ojo! careful!

olfato *m.* sense of smell; nose

olivo *m.* olive tree

olor *m.* odor

orgullo *m.* pride

orgulloso(a) proud, haughty

origen *m.* (pl. **orígenes**) origin

originar to originate, create

otoño *m.* fall, autumn

ovillo *m.* ball of wool

P

pagano(a) pagan

página *f.* page

país *m.* country, nation

f. straw

ro m. bird

bra f. word

m. stick

m. bread

pan tostado toast

adería f. bakery

a f. potato

papitas fritas French fries

agayo m. cockatoo

a for

ar to stop

ecer to appear, seem

ed f. wall

tido m. game; political party

sar to happen; to pass, transfer

scua f. Easter

seo m. walk, stroll; drive; trip; excursion

sillo m. hall

ta f. legs; paw

terno(a) paternal

tinador(a) m., f. skater

tinaje m. skating

tinar to skate

tines en línea in line skates

tineta f. skateboard

atón m. pedestrian

ligroso(a) dangerous

lota f. ball

queño(a) small, little

rder to lose

riódico m. newspaper

ermitir to permit, allow

ro but

rro m. dog

personaje m. person; character

pesado(a) heavy

pesar to weigh

pesca f. fishing

pescado m. fish

pescar to fish

peso m. weight; Mexican monetary unit

pico m. beak; peak

pie m. foot

piel f. skin

pino m. pinetree

pintor(a) m., f. painter

pintura f. paint; painting

piña f. pineapple

pirámide f. pyramid

pisar to step on

pista f. track; ski slope

placer m. pleasure

planear to plan

plátano m. banana

platino m. platinum

plato m. plate

plomo m. lead

población f. population

poco(a) little

poder to be able

por for; by
    por eso for that reason, therefore
    por supuesto of course

¿por qué why

porque because

postre m. dessert

pozo m. hole; well

precio m. price

preferido(a) preferred

premio m. prize

preocupado(a) preoccupied

preocupar(se) to preoccupy, worry

presencia f. presence

presentar to present

primavera f. Spring

primer, primero(a) first

principal principal, main

principalmente principally, mainly

principio m. beginning
    al principio at the beginning

probado(a) proven

probar to prove; to taste

producción f. production

producir to produce; to bear fruit

productor(a) m., f. producer (of a film or record)

propio(a) own

proporcionar to proportion

próspero(a) properous

protector(a) protective

proteger to protect

proteína f. protein

provenir to come from

próximo(a) next

pueblo m. town, village

puerta f. door

puerto m. port

pues well

pulpa f. flesh

punto m. point; dot

puro(a) pure

que that

quedar to be situated; to remain

quemar to burn

querido(a) dear, beloved

queso *m.* cheese

quien who, whom

quizás perhaps, maybe

rana *f.* frog

raro(a) strange

rato *m.* short period of time, a while

ratón rat

raza *f.* breed; race

razón *f.* reason

realmente really

recaudar to collect, raise (money)

receptor *m.* catcher

recibir to receive

recibo *m.* receipt

reciente recent

recomendar to recommend

recordar to remember

recorrer to travel; to go over or through

recorrido *m.* trip; run

recuperación *f.* recuperation

reducir to reduce

remplazar to replace

refrescante refreshing

refrescar(se) to refresh, cool (oneself)

refresco *m.* soft drink

regalo *m.* present

región *f.* region

regla *f.* rule

reina *f.* queen

reino *m.* kingdom

relación *f.* relation, relationship

relleno(a) filled

reloj *m.* watch

repasar to review, go over

reptil *m.* reptile

respecto a with respect to

respirar to breath

reunir to assemble, bring together

revista *f.* magazine

rey *m.* king
  los Reyes Magos the Three Wise Men, the Magi

riesgo *m.* risk

riqueza *f.* riches, wealth; richness

¡riquísimo! delicious!

ritmo *m.* rhythm

rival *m., f.* rival

roble *m.* oak

rodilla *f.* knee

rodillera *f.* knee pad

roedor *m.* rodent

romper to break

ropa *f.* clothing

roscón *m.* large ring-shaped roll or pastry
  roscón de reyes king's bread

rueda *f.* wheel

ruido *m.* noise

saber to know

sabio(a) wise

sabor *m.* flavor

sabroso(a) tasty

sacerdote *m.* priest, leader

salsa *f.* type of latin music

salud *f.* health

saludable healthy

saludar to greet

santo(a) holy, saintly
  Semana Santa Holy Week

satisfecho(a) satisfied

seco(a) dry

seguir to follow

según according to

seguramente surely

seguro(a) safe

seleccionar to select

selva *f.* jungle
  selva tropical rain forest

semana week
  Semana Santa Holy Week

semilla *f.* seed

sencillo(a) simple

sentido *m.* sense

señalar to point out; to mark

ser to be

serie *f.* series
  Serie Mundial World Series

serio(a) serious

servir to serve

siempre always

siglo *m.* century

ificado *m.* meaning

iente following, next

bolo *m.* symbol

plemente simply; absolutely
without

ero(a) sincere

ónico(a) symphonic

ema *m.* system

re on; over; about
sobre todo above all

renombre *m.* nickname

revivir to survive

m. sun

amente only

sta *m.* soloist

o(a) alone; only; lone

sticio *m.* solstice

ución *f.* solution

m. sound

prender to surprise

sus your, his, her, its, their

ir to go up, climb; to lift, raise

ela *f.* sole (of a shoe)

erte *f.* luck

ijo *m.* suffix

rir to suffer

gerencia *f.* suggestion

perar to overcome

T

ola *m.* board
tabla hawaiana surfboard

vez maybe, perhaps

tallo *m.* stem, stalk; cabbage

tamarindo *m.* tamarind (fruit)

también also

tampoco neither, not either

tejano(a) pertaining to Texas

temporada *f.* season

temprano early

tener to have

terco(a) stubborn

terminación *f.* ending

terminar to end

terrario *m.* terrarium

terreno *m.* land, terrain

tesoro *m.* treasure

tiempo *m.* time; weather
hacer buen tiempo to be good
weather

tierra *f.* land; earth

tirar to throw; to pull

tiro *m.* shooting

tobillo *m.* ankle

tocar to touch

todo(a), todos(as) all

todavía still

tomar to take; to drink

tomo *m.* volume

totalmente totally

trabajador(a) *m., f.* worker

tradicionalmente traditionally

traer to bring

tranquilo(a) calm, tranquil
transitar to travel; drive across

transmitir to transmit; to broadcast
(radio)

transporte *m.* transportation

tratar to treat
tratar de to attempt to, try to;
to deal with, be about

travieso(a) mischievous, naughty

trineo *m.* sled, sleigh, toboggan

trino *m.* trill, warbling (of birds)

triunfar to triumph

trono *m.* throne

turista *m., f.* tourist

turrón *m.* nougat

U

último(a) last

un, una a, an

único(a) only; unique

usar to use

usted(es) you

usuario(a) *m., f.* user

útil useful

utilizar to use

uva *f.* grape

V

vaca *f.* cow

valioso(a) valuable

valle *m.* valley

valor *m.* value

variado(a) varied

variedad *f.* variety

varios, varias several

vaso *m.* glass

velloso(a) downy, hairy

velocidad *f.* speed, velocity

vender to sell

venezolano(a) *m., f.* Venezuelan

venir to come

verano *m.* summer

verdad *f.* truth

verdadero(a) real, true

verde green

verdura *f.* vegetable

vez time; once, one time
  de vez en cuando now and then

viajar to travel

vicio *m.* vice, bad habit

vida *f.* life

vidrio *m.* glass

vigilar to watch; to guard

viña *f.* vineyard

víspera *f.* day before, eve

vistazo *m.* glance

vivir to live

vivo(a) lively, vivid; alive

vocalista *m., f.* vocalist, singer

volver to return

y and

ya already; right now

yerno *m.* son-in-law

yuca *f.* yucca, cassava

zanahoria *f.* carrot

zapato *m.* shoe

zurdo(a) left-handed

Illustration Credits

8: Camille Venti **9:** Diego Herrera **10-11:** Blair Thornley **13:** Camille Venti **15:** Blair Thornley **18:** Camille Venti **20:** Robin Storesund **21:** Jeremy Spiegel **29:** Roger Boehm **29:** Robin Storesund **31-32:** @1996 MAGELLAN GeographixSM **36:** Camille Venti **37:** Jennifer Hewitson **37:** Camille Venti **43:** Jeremy Spiegel **51:** Randall Enos **57:** Camille Venti **59:** Jeremy Spiegel **64:** Camille Venti **65:** Roger Boehm **67:** Randall Enos **68-69:** Jennifer Hewitson **73:** Jennifer Hewitson **80:** Roger Boehm **81:** Diego Herrera **89:** Blair Thornley **95:** Camille Venti **97:** Roger Boehm **104:** Camille Venti **105:** Diego Herrera

Photo Credits

2-3: Ulrike Welsch; (inset of taxi), Peter Menzel/Stock Boston. **4-5:** Assignment photo by Ken O'Donoghue; (inset of mountains), Francois Gohier/Photo Researchers, Inc. **16 & 17:** Ulrike Welsch. **22:** Ron Garrison/Photo Researchers, Inc. **23:** t, Tom McHugh/Photo Researchers, Inc; b, Rapho/Photo Researchers, Inc. **24:** Renee Stockdale/Animals Animals. **25:** Ulrike Welsch. **30:** Guy Marche/FPG. **31:** Robert Fried/DDB Stock Photo. **32:** tl, Alain Evrard/Photo Researchers, Inc.; bl, Steve Vidler/Tony Stone Images; mr, Corbis-Bettmann. **33:** Albright Knox Art Gallery, Buffalo, New York/The Bridgeman Art Library/©1998 Artists Rights Society (ARS), New York/ADAGP,Paris. **38:** Robert Frerck/Odyssey/Chicago. **39:** tr, Kathleen Thormod Carr; ml, Lana White/PhotoEdit; b, Peter Menzel/Stock Boston. **45:** Jim Cassimus/FPG. **46:** Sylvain Legrand/Agence Vandystadt/Photo Researchers, Inc. **47:** Lew Long/The Stock Market: b, NASA; **52:** t, Tim Davis/Tony Stone Images. **53:** t, Chris Sharp/DDB Stock Photo. **52-55:** NASA. **54:** t, Russell Cheyne/Tony Stone Images. **55:** m, Robert Frerck/Odyssey/Chicago **61:** Focus on Sports. **62:** tl & bl, Focus on Sports. **62-63:** Tim Defrisco/Allsport. **74-75:** Will & Deni McIntyre /Photo Researchers, Inc. **76-77:** (all), Mark Antman/The Image Works. **82-83:** Ralph Fitzgerald/Corbis. **85:** tl, Gerardo Somoza/Outline; bl, Larry Busacca/Retna, r, Frank Micelotta/Outline. **90-91:** Francois Gohier/Photo Researchers, Inc. **93:** Assignment photo by Ken O'Donoghue. **99:** Salaber/The Image Works. **100 & 101:** Odyssey/Frerck/Chicago.